MODELO SUSTENTÁVEL DE ESG PARA COOPERATIVAS

ANDREA URACK KRUG

MODELO SUSTENTÁVEL DE ESG PARA COOPERATIVAS

Editora Sulina

Capa: Like Conteúdo
Projeto gráfico e editoração: Cristiano Marques
Revisão: Gertrudes Luz
Editor: Luis Antonio Paim Gomes

Dados Internacionais de Catalogação na Publicação (CIP)
Bibliotecária Responsável: Denise Mari de Andrade Souza – CRB 10/960

K94m Krug, Andrea Urack
Modelo sustentável de ESG para cooperativas / Andrea Urack Krug. -- Porto Alegre: Sulina, 2024.
208 p. ; 16x23cm.

ISBN: 978-65-5759-166-6

1. Sustentabilidade. 2. Práticas ESG, Gestão e Governança Sustentável. 3. Princípios Cooperativos. 4. Agricultura I. Título.

CDU: 334.73
CDD: 334

Rua Leopoldo Bier, 644, 4º andar – Santana
CEP: 90620-100 – Porto Alegre/RS
Fone: (0xx51) 3110.9801
www.editorasulina.com.br
e-mail: sulina@editorasulina.com.br

Outubro/2024
Impresso no Brasil / Printed in Brazil

Dedico este trabalho aos meus pais,
Sirlei e Ernesto, pelo amor de uma vida, pelos
ensinamentos, dedicação, cuidado, carinho,
e respeito. Família é a melhor coisa que existe,
amo vocês!

“Existe apenas um bem,
o saber, e apenas um mal,
a ignorância.” (Sócrates)

AGRADECIMENTOS

Esta obra é resultado de quatro anos de dedicação ao doutorado na Universidade Federal do Rio Grande do Sul, no Centro de Estudos e Pesquisas em Agronegócios – CEPAN, iniciado em 2019 e concluído em 2023.

Iniciar o doutorado foi a realização de um sonho no qual tive a oportunidade de aprofundar meus conhecimentos em um assunto que me desperta muito interesse, ESG. Havia a certeza de que seria uma experiência enriquecedora e incomparável a qualquer outra. Ao concluir este ciclo, percebo que foi um período rico em experiências, leituras, escritas e, acima de tudo, aprendizados adquiridos que me enchem de orgulho e gratidão por tudo que vivi. De forma singela, agradeço a algumas pessoas fundamentais nesta trajetória e que muito cooperaram para o êxito desta caminhada.

Agradeço à minha amada família: minha mãe, Sirlei, pelo cuidado e amor expressos em orações, apoio incondicional, confiança e revisão textual da tese; meu pai, Ernesto, pelo incentivo e apoio constantes, revisão do conteúdo da tese e indicações dos profissionais das cooperativas; minha irmã, Karine, pelas conversas, por se preocupar com o prazo da entrega do doutorado, por comemorar cada etapa e conquista, que não são apenas minha, mas sim nossas. Enfim, por percorrerem ao meu lado todo este longo caminho. Obrigada, meus queridos, por estarem sempre presentes ensinando-me que este trabalho é resultado de amor, abnegação e foco.

Meu agradecimento especial ao meu orientador, professor Dr. Antônio Domingos Padula, por aceitar me orientar pela segunda vez, pela visão de floresta, enxergando o macro e pelas experiências profissionais do mundo cooperativo que o levaram a pontuar questões importantes para a construção deste estudo; e ao meu coorientador, professor Dr. Paulo Dabdab Waquil, que muito me alegrou quando aceitou o convite para ser coorientador e que, com sua atenção e sensibilidade, soube compreender a minha caminhada profissional e acadêmica atribulada, sempre com pronta resposta aos questionamentos, muito preciso nas suas ponderações e, seu conhecimento fez toda a diferença no levantamento dos resultados da pesquisa de campo. Valorosas contribuições professores, meu muito obrigada!

Aos professores do Centro de Estudos e Pesquisas em Agronegócios (CEPAN), que fazem - com toda a certeza - a diferença na formação de todos que por lá passam.

Aos professores Dra. Paola Richter Londero, Dr. Silvio Cezar Arend, Dra. Andrea Troller Pinto e Dra. Daniela Callegaro de Menezes que gentilmente aceitaram participar da banca e também pela apreciação da tese, que resultou nesta obra.

A toda turma dos colegas de doutorado e mestrado do agronegócio pelos questionamentos, reflexões e inquietações compartilhadas.

À UFRGS, prestigiada instituição, que me encho de orgulho de fazer parte e por me proporcionar esta incomparável formação.

Ao Senar por permitir as ausências para atender as aulas. Um agradecimento especial a Eduardo de Mércio Condorelli, Claudio Steinstrasser Rocha e Sandra Catarina Viera.

Aos meus alunos de Pós-Graduação da ESCOOP, UCS, UNISC e FASIPE/MT que participaram das minhas aulas de governança corporativa e planejamento estratégico voltados para as cooperativas, trazendo pautas importantes para as discussões de forma a enriquecer o aprendizado.

Aos dirigentes das cooperativas, eternos entusiastas cooperativos, que se engajaram neste estudo e foram fundamentais para o excelente resultado desta pesquisa.

Enfim, agradeço a todos que já passaram pela minha vida e nela deixaram marcas.

PREFÁCIO

Embora se fale tanto em ESG nos últimos anos, esse conceito não é novo para o cooperativismo. Governança responsável, responsabilidade social e ambiental são pilares fundamentais desses negócios, contribuindo para o crescimento justo de todo o país.

Esta obra, fruto de um brilhante estudo da Profª Andrea Urack Krug, mostra como as premissas da Agenda ESG estão firmemente enraizadas nas cooperativas. Essa consciência nos permite avançar, com constância e solidez.

A tese vai além dessa evidenciação: é um importante e necessário guia para todos os cooperados e interessados no tema se aprofundarem nesta matéria, permitindo avaliar suas próprias práticas ou mesmo implementá-las de forma adequada nos seus negócios.

A Profª Andrea, de tantas grandes contribuições ao setor, em sua atuação na Escola Superior do Cooperativismo, avança de maneira brilhante em sua carreira, oferecendo a todos nós esta publicação que auxiliará muito as empresas de todo o país.

Em nome do Sistema Ocergs, parabenizo a agora Dra. Andrea por seu trabalho e por concretizar este livro, que corrobora o papel do cooperativismo para o desenvolvimento justo, solidário e humano da sociedade.

Uma missão que se materializa, também, pela geração e troca de conhecimento, seja pelas técnicas que passam de geração em geração, seja pela produção de uma obra como a que você agora tem em mãos. Uma construção coletiva que nos move na direção de um futuro melhor para todos.

Que este seja sempre o norte das nossas cooperativas. Que os resultados aqui descritos inspirem tantos outros negócios a se qualificarem e avançarem a cada dia. E que contribuam para irmos além na agenda ESG, que são os próprios princípios do cooperativismo.

Desejo uma excelente leitura!

Darci Hartmann
Presidente do Sistema Ocergs

SUMÁRIO

CAPÍTULO IV
RESULTADOS E DISCUSSÃO

INTRODUÇÃO

O aumento da população impõe crescentes desafios socioambientais e gera impacto pelos padrões atuais de produção e consumo que demandam maior comprometimento e consistência na implementação de estratégias empresariais responsáveis de gestão e governança sustentáveis que visem o equilíbrio entre o tripé da sustentabilidade: o social, o ambiental e o econômico. Como fundamento, a atuação responsável e a efetividade das estratégias de sustentabilidade das organizações dependem do estabelecimento de sistemas de gestão e governança alinhados aos desafios do desenvolvimento sustentável e que integrem conceitos e ferramentas de forma complementar e sinérgica.

Levando em conta esses aspectos, no cenário mundial, em 2004, a Organização das Nações Unidas (ONU) lançou um chamado às organizações do mundo todo, visando conectar o universo dos negócios com preocupações ambientais e sociais. Dessa forma, em 2005, foi criado o conceito ESG por iniciativa da ONU (SEBRAE, 2023).

Segundo o PACTO GLOBAL (2020), a sigla ESG - "Environmental, Social and Governance" - conhecida no Brasil como ASG – "Ambiental, Social e Governança, surgiu pela primeira vez em um relatório publicado em 2005, intitulado "Who Cares Wins" ("Ganha quem se importa", traduzindo). E, nos dias atuais, tem sido cada vez mais utilizada para medir as práticas de uma organização nas três dimensões.

Segundo Costa *et al.* (2021, p. 88) o tripé, conhecido pela abreviação ESG, serve para resumir as práticas adotadas pelas organizações, onde substituíram atenção ao fator econômico pela governança corporativa, que é mais abrangente. Assim, ampliam a visão e não somente englobam o resultado comercial, mas também a transparência, os comitês, a conduta corporativa e o combate à corrupção.

Algumas cooperativas têm se mostrado motivadas em oferecer informações de forma voluntária sobre suas práticas ambientais, sociais e de governança (ESG). As práticas ESG que vinham sendo desenvolvidas, são conhecidas como ESG 1.0 e consistem em políticas que foram implementadas, mas não mediam seu impacto por meio de métodos quantificáveis (GREEN, 2022). Divulgar e quantificar o impacto dessas práticas pode melhorar a percepção do público sobre a organização e atrair o interesse de consumidores e investidores.

No entanto, a avaliação da implementação das práticas tem sido um desafio devido à falta de métodos quantificáveis e dos escassos recursos destinados a aplicação nas ações sustentáveis. De forma otimista, a intensificação das mudanças climáticas, a escassez de água e as consequentes crises globais de saúde e segurança alimentar desencadearam o fluxo de investimentos para o setor produtivo em todo o mundo (WORLD BANK, 2010). Esta é uma tendência encorajadora, com ativos ESG previstos para atingir US$ 30 trilhões até 2030 (BROADRIDGE, 2021).

Portanto, mais do que nunca, os investidores precisam garantir que as práticas ESG sejam implementadas de forma eficaz e mostrar quantitativamente como elas contribuem para melhorar as organizações e o mundo (OLIVEIRA; GEBREYES, 2022).

Os mercados financeiros estão comprometidos com os critérios ESG por meio de decisões de investimento que são pilares da sustentabilidade. A tecnologia fornece maneiras eficazes de rastrear iniciativas relacionadas ao ESG, permitindo que as organizações mostrem como elas podem melhorar o meio ambiente e contribuir para o progresso social em direção aos Objetivos de Desenvolvimento Sustentável, ao mesmo tempo em que melhoram o crescimento da organização (UN, 2015).

As demandas ESG de investidores, consumidores e reguladores chegaram no seu auge em 2020, quando o mundo foi atingido por crises globais simultâneas: COVID-19 e mudanças climáticas. Quando ficou claro que as políticas e estruturas ESG poderiam fornecer um roteiro para as organizações emergirem com mais eficácia dessas crises globais simultâneas, a demanda por talentos de liderança ESG explodiu. Essas novas lideranças com domínio do ESG, diversidade de pensamento e experiência fazem parte da onda ESG 2.0 (HARRISON *et al.*, 2021).

Portanto, o termo ESG tem feito cada vez mais parte da agenda estratégica das organizações, como base para a tomada de decisões financeiras e de investimentos. Sendo assim, o ESG é uma filosofia de investimento que busca o crescimento de valor em longo prazo. É cada vez mais comum a presença de práticas ESG no cotidiano do mundo corporativo. Muito mais do que conferir um “status” a uma organização, as práticas evidenciam uma preocupação crescente com aspectos ambientais, valorização do indivíduo e de suas relações. Seu significado é aplicado como forma de promover a sustentabilidade e ampliar a consciência das organizações sobre os impactos de suas ações na sociedade – e de como agir em relação a elas.

E a adoção do ESG é uma tendência que se firma e tem começado a estabelecer novos padrões de desenvolvimento, tornando-se requisito para a sobrevivência e a competitividade das instituições. O cooperativismo, portanto, pelas suas características intrínsecas, tem se mostrado como um sistema adequado às novas necessidades sociais, ambientais e de governança, pois vislumbra crescimento e longevidade por conta de seu caráter sustentável e com foco no coletivo.

Abaixo estão listados alguns dos principais motivos pelos quais as cooperativas estão levando em conta incorporar as práticas ESG (EXAME, 2022). São elas:

- Benefícios econômicos: com juros mais baixos em caso de empréstimos, redução de custos com água e energia, atenuando os impactos ambientais;
- Conquista de consumidores: clientes estão mais criteriosos, optando por marcas mais alinhadas a produtos e serviços sustentáveis;
- Retenção de talentos: profissionais estão mais criteriosos preferindo trabalhar em ambientes com equidade de gênero e menor impacto ambiental;
- Atração de investidores/ associados: maiores chances de investimentos, pois os sócios ou investidores não se satisfazem apenas com números e resultados financeiros. Eles levam em conta as atitudes que englobam o ESG. Adicionalmente, os órgãos reguladores, estão reforçando cada vez mais a importância dos princípios ESG, seja nas diretrizes da política de investimento das entidades ou no destaque da divulgação dos fatores de riscos sociais, ambientais e climáticos.

Adotando as práticas ESG, demonstra-se a capacidade da organização em termos de solidez, redução de custos, resiliência e reputação. Além dessas vantagens que as práticas ESG trazem, a consultora da

Baker Tilly, Scheila Conrado, acrescenta outras, como sustentabilidade nos negócios (produzir mais com menos desperdício, garantir a continuidade dos recursos e matéria prima, gerar melhores produtos, maior competitividade e, claro, melhores resultados); jornada de transformação (é um caminho sem volta, pois os *stakeholders* entendem que a organização não se preocupa apenas com o resultado financeiro, mas com o impacto de suas atividades na sociedade e no meio ambiente). Em contrapartida, há desafios na adoção das práticas ESG, na mensuração dos resultados e na adoção da agenda do desenvolvimento sustentável (BAKERTILLY, 2021).

Apesar dos desafios da implantação das práticas ESG, os dados financeiros reforçam a sua importância. O relatório da consultoria PwC prevê que quase 60% dos ativos mútuos (é um ativo composto por um grupo de ações, títulos ou outros valores mobiliários e é administrado por um gestor de fundo, como um portfólio) europeus estarão, até 2025, em fundos que seguem os critérios ESG, em um volume que deve atingir US$ 8,9 trilhões. A B3, bolsa de valores brasileira, tem entre as companhias que fazem parte de seu Índice de Sustentabilidade Empresarial, 83% de empresas que carregam o ESG em seus planejamentos, objetivos e resultados (PACTO BRASIL – REDE BRASIL, 2023).

Segundo os dados disponibilizados pela Bloomberg (2021), a expectativa é que os ativos ESG globais devam ultrapassar US$ 53 trilhões até 2025, representando mais de um terço dos US$ 140,5 trilhões em ativos totais projetados sob gestão (EXAME, 2023).

A pandemia de COVID-19 colocou as estratégias de investimento ESG no centro das atenções, com a busca pela retomada econômica, tomando rumos ainda mais alinhados aos princípios do cooperativismo. Este novo momento, gerou um modelo de atuação levando em consideração o conceito ESG e tem sido base para o estabelecimento de um "novo normal" em termos econômicos, sociais e ambientais.

Assim, as práticas se tornaram ainda mais relevantes para os investidores. Segundo pesquisa global realizada pela empresa financeira americana MSCI, 77% dos entrevistados (investidores internacionais) aumentaram o aporte de recursos em ESG de forma significativa no período pandêmico.

No mercado é possível identificar as versáteis formas de investir em ESG, podendo ser através de Fundos de Fundos (FoF), que direcionam parte do capital para ações sustentáveis ou por meio de investimentos em renda fixa.

De acordo com o levantamento da B3 ao final de 2020 havia 14 debêntures (é um título de crédito representativo de um empréstimo que uma companhia realiza junto a terceiros e que assegura a seus detentores o direito contra a emissora, estabelecidos na escritura de emissão) e 6 certificados de recebíveis imobiliários (são títulos de crédito nominativos, escriturais e transferíveis, lastreados em créditos imobiliários, previstos em lei), alcançando um valor de R$ 6 bilhões em investimentos em ESG.

Quanto as práticas ESG, em parte, já são aplicadas na sua atuação, quando uma empresa cooperativa segue os princípios do cooperativismo, estabelecidos pela Aliança Cooperativa Internacional (ACI). Os princípios do cooperativismo são: adesão livre e voluntária; gestão democrática; participação econômica dos membros; autonomia e independência; educação, formação e informação; intercooperação; e interesse pela comunidade.

No cooperativismo, as premissas da Agenda ESG já são bastante enraizadas, sendo parte do modelo societário. O foco do movimento cooperativista são as pessoas e não o capital, tendo como objetivo maior a promoção de melhores condições de vida, renda e bem-estar para os cooperados e suas famílias. Isso, por sua vez, impacta na valorização do meio ambiente e na promoção do desenvolvimento local e regional das comunidades, nas quais as cooperativas estão inseridas (CONEXÃO COOP, 2023).

A Organização das Cooperativas Brasileiras (OCB) também reforça a importância do cooperativismo em um de seus estudos. Ele indica que o Índice de Desenvolvimento Humano (IDH) dos municípios do Brasil que possuem cooperativas, é maior do que aqueles municípios que não contam com este tipo de organização na comunidade (OCERGS, 2021a).

O Índice de Desenvolvimento Socioeconômico (IDESE) é positivo quando há presença de cooperativas. Ele avalia a situação socioeconômica dos municípios gaúchos quanto à educação, renda e saúde e considera aspectos quantitativos e qualitativos do processo de desenvolvimento, que estabelece que o índice quanto mais próximo a um, mais desenvolvido será o município.

Os dados resultantes desse levantamento estabelecem que os municípios do Rio Grande do Sul que têm a presença efetiva de cooperativas, apresentam índice médio de educação de 0,757 contra 0,741 das cidades que não possuem cooperativas. Os resultados quanto à renda, seguem na mesma direção. Municípios com cooperativas têm índice médio de 0,721, superior em comparação a municípios que não possuem cooperativas, com resultado de 0,675 (OCERGS, 2023). O fato demonstra que o cooperativismo tende a ser um dos grandes impulsionadores da economia local, especialmente com os aprendizados trazidos pela pandemia da COVID-19.

Ao completar 180 anos de existência em 2024, o cooperativismo é um modelo societário que pode operar qualquer tipo de negócio nos diversos segmentos econômicos. Longevas e sustentáveis, as cooperativas atraem a atenção pela geração de emprego, renda e ainda têm um fortíssimo cunho social, base da sua existência. O foco das cooperativas está voltado para o atendimento das expectativas dos associados e da comunidade onde estão inseridas, bem como da entrega de produtos e serviços de qualidade.

Neste livro, o olhar está voltado para um ramo do cooperativismo muito representativo - o agropecuário, entretanto os resultados encontrados são válidos para outras áreas, para empresas de qualquer natureza: mercantilista, paraestatal e pública. A discussão acerca do agronegócio e sua interação com o meio ambiente vem ganhando importância especialmente nos últimos anos. O setor busca equilibrar a produção, ser relevante para a economia, ter balanço comercial e ajudar a preservar o meio ambiente. De um lado, o agronegócio ocupa um lugar central nas exportações brasileiras e consequentemente na economia do país, e de outro existe a preocupação com a preservação ambiental, principalmente considerando que o Brasil é um país com grande biodiversidade e extensão de florestas. É nesse cenário que as discussões sobre incorporação de princípios ESG surgem no agronegócio (KIESZKOWSKI, 2021).

Nos últimos anos, o setor agropecuário tem assumido uma posição de destaque nas grandes pautas de discussão no Brasil. O segmento vem ganhando os holofotes, devido à sua capacidade de expansão de produção, produtividade e de geração de oportunidades em inúmeras atividades nas diferentes regiões do país.

O agronegócio é o responsável pela maior fatia do PIB brasileiro, quando comparado à indústria e aos serviços; e o país é o maior exportador mundial de alimentos, atrás apenas dos Estados Unidos e da Holanda (FAO, 2018). A representatividade econômica e social são os principais motivos que justificam a escolha do universo das cooperativas agropecuárias.

Segundo o Instituto Brasileiro de Geografia e Estatística (IBGE, 2019), mais de 50% da produção agrícola do Brasil passa por cooperativas agropecuárias, e isso injeta na economia nacional e no mercado financeiro valores muito além do que pode ser mensurado (NICOLODI, 2021).

Outros números expressivos do cooperativismo, mostram que no mundo existem 3 milhões de cooperativas, contando com mais de 1 bilhão de cooperados, o que representa 12% da humanidade, empregando 280 milhões de pessoas. As 300 maiores cooperativas do mundo, faturaram US$ 2,2 bilhões. Além disso, é importante ressaltar que dentre as 300 maiores cooperativas do mundo, 100 delas são do ramo agropecuário (OCERGS, 2024).

Para ter uma ideia, se todas as cooperativas do mundo fossem um país, elas seriam a 8ª maior economia mundial. O Brasil possui 9 das 300 maiores cooperativas do mundo (OCERGS, 2024).

Com relação às cooperativas do ramo agropecuário gaúcho, mesmo em um período pandêmico, a quantidade de colaboradores cresceu 20,30% de 2019 a 2022 (OCERGS, 2020, 2021, 2022, 2023), reforçando o poder do cooperativismo.

Além disso, os indicadores financeiros das cooperativas brasileiras cresceram no período de 2019 a 2021, como se pode observar nos dados a seguir: ativo total 31,96%; capital social 19,09%; sobras do exercício 107,14% e ingressos de novos sócios 39,83% (OCB, 2022a). Entretanto, houve alguns indicadores que recuaram, como o número de cooperados que decresceu 10,36% e o número de cooperativas também diminuiu 21,49% de 2019 a 2022 (OCERGS, 2020, 2021, 2022, 2023).

Observando os indicadores, percebe-se que mesmo em um momento crítico de pandemia da COVID-19, as cooperativas que permaneceram, cresceram na maioria dos indicadores. Contrariando muitos modelos de negócios que não conseguiram sobreviver ao turbilhão de mudanças desencadeadas pelo coronavírus e mudanças climáticas. Portanto, as cooperativas agropecuárias gaúchas saíram fortalecidas da pandemia.

As cooperativas gaúchas registraram em 2022 o faturamento recorde de R$ 71,2 bilhões e a cada ano ultrapassam o recorde anterior. Em 2023 fecharam o faturamento com R$ 86,3 bilhões, com incremento de 17,5% em relação ao período anterior (OCERGS, 2023 e 2024).

O faturamento das cooperativas agropecuárias representa 56,3% do total dos sete ramos do cooperativismo no Rio Grande do Sul. E o valor das sobras das cooperativas agropecuárias equivale a 19,8% do total dos ramos do cooperativismo gaúcho. Sobra é o recurso não utilizado pelas cooperativas, ou seja, é o resultado econômico positivo anual, o qual pode, a depender da assembleia, ser distribuído aos associados proporcionalmente à participação dos serviços utilizados. Em suma, os números confirmam a posição de destaque do setor no Rio Grande do Sul (OCERGS, 2024).

A relevância do agronegócio, aliada a necessidade de uma atuação mais ética, tem estimulado debates nas últimas duas décadas. Esse debate instigou o anseio por uma cultura corporativa que fomentasse decisões institucionais e estratégias amparadas por questões ESG. A preocupação do mercado com a sustentabilidade ambiental, a responsabilidade social e a governança avançaram nas últimas décadas e têm o potencial de tomar proporções ainda mais significativas para a sociedade nos anos que estão por vir (SPRICIGO, 2021).

A prática agroindustrial se destaca, conferindo evidência internacional ao país, estando o Brasil entre os maiores exportadores de *commodities* como: soja (US$ 60,95 bilhões, 38,3% do total); carnes (US$ 25,67 bilhões, 16,1% do total); produtos florestais (US$ 16,49 bilhões, 10,4% do total); cereais, farinhas e preparações (US$ 14,46 bilhões, 9,1% do total); produtos do complexo sucroalcooleiro (US$ 12,79 bilhões, 8% do total) (FORBES, 2023).

O PIB do agronegócio brasileiro alcançou recordes sucessivos em 2020 e 2021, com esse biênio se caracterizando como um dos melhores da história recente do agronegócio nacional (CEPEA, 2022). Para se ter uma ideia, em 2021 o setor alcançou participação de 27,4% no PIB total do Brasil, o maior desde 2004 (OCB, 2022a). Entretanto, em 2022 houve uma queda causada pela forte alta dos custos com insumos no setor, tanto na agropecuária, quanto nas agroindústrias, que tem corroído o PIB ao longo das cadeias.

Mesmo com a alta no custo dos insumos, o progresso é percebido. Em 2023, o ramo agropecuário no estado gerou 39.030 mil empregos diretos, somou mais de 269.921 mil cooperados e totalizou 95 cooperativas (OCERGS, 2023).

O Produto Interno Bruto (PIB) do agronegócio fechou 2023 com queda de 2,99% em relação a 2022, segundo a Confederação da Agricultura e Pecuária do Brasil (CNA) e o Centro de Estudos Avançados em Economia Aplicada (CEPEA). Com esse resultado, o setor reduziu sua participação no PIB total do país no período, de 25,2% em 2022 para 23,8% em 2023. O comportamento do PIB do agronegócio em 2023 foi puxado pela queda de preços em todos os segmentos da cadeia produtiva (CNA, 2024).

As exportações brasileiras de 2022 do agronegócio somaram US$ 159,09 bilhões, e em 2023 totalizaram US$ 166,55, alta de 4,48%. Os preços internacionais das *commodities* agrícolas influenciaram o desempenho, de acordo com a Secretaria de Comércio e Relações Internacionais (SCRI) do Ministério da Agricultura e Pecuária (FORBES, 2023 e MAPA, 2024).

Os números demonstram que as cooperativas agropecuárias gaúchas contribuem para a inclusão de produtores rurais no mercado do agronegócio, especialmente dos pequenos e médios, possibilitando aos cooperados agregar valor aos seus produtos, gerando competitividade e auxiliando no desenvolvimento regional (KUMAR, WANKHEDE; GENA, 2015; OLIVEIRA; WANDER, 2020).

Assim também, as cooperativas assumem o papel de inclusão que confere aos seus associados a possibilidade de competir com grandes empresas, por meio de uma gestão profissionalizada e conjunta (OLIVEIRA; WANDER, 2020). As cooperativas ocupam uma posição importante no desenvolvimento do agronegócio, pois auxiliam os cooperados no uso de recursos técnicos e financeiros, canais de comercialização, distribuição e agregação de valor ao produto.

Além disso, as cooperativas são um exemplo de como se pode obter sucesso, com objetivos que não são exclusivamente econômicos, uma vez que a sua essência existencial visa união voluntária de pessoas, trabalhando de forma eficiente, contribuindo equitativamente para gerir o capital dos cooperados e exercendo uma gerência democrática entre seus membros (ABARGHANI *et al.*, 2013; SAUNDERS; BROMWICH, 2012).

Mesmo com todos esses objetivos, Selim (2020, p.12) reforça que ainda há muitos desafios quando se observam as dimensões ESG, como a falta de padronização e, portanto, comparabilidade nos relatórios, medições divergentes, métodos de análises inconsistentes, falta de transparência e clareza nas informações disponíveis, além de alto custo para acesso a esses dados.

Em termos de comparabilidade, Gupta (2014) destaca que avaliar e comparar o sucesso de uma cooperativa agropecuária com uma organização que tem apenas princípios capitalistas é o mesmo que comparar maçãs com laranjas, ou seja, não é possível, pois cada uma apresenta características diferenciadas. Da Cunha e Corrêa (2013) complementam que é necessário existirem técnicas de avaliação de desempenho específicas para cada setor ou tipo de organização a fim de atender aos objetivos estratégicos.

Outro estudo, de Marcis *et al.* (2018) vem confirmar que não existe consenso para utilização de instrumentos, técnicas e indicadores para a avaliação de desempenho das operações nas cooperativas agropecuárias e que ainda existe uma complexidade em fazer essa avaliação, unindo as dimensões sustentáveis que, segundo Elkington (1994), equilibram-se nas dimensões sociais, responsabilidades ambientais e econômicas.

Ainda de acordo com Marcis *et al.* (2018) pode-se verificar que na literatura vem se repetindo uma predominância nas avaliações de uma ou duas das dimensões. Isso pode estar ocorrendo, segundo Eccles e Serafelm (2012), devido à adaptação que as estratégias sustentáveis estão passando, levando em consideração as técnicas, instrumentos e medidas de avaliação, uma vez que não há padronização de indicadores, tornando comparações impraticáveis.

Contudo, Benos *et al.* (2016) explicam que avaliar o desempenho das cooperativas agropecuárias não é algo simples, na medida em que, além do seu caráter diferenciado das demais organizações, o ambiente agroalimentar possui oscilações constantes. Verifica-se que a literatura é escassa para integrar características sustentáveis nessa avaliação, bem como não existe consenso das metodologias que fundamentam as avaliações sustentáveis (ENSSLIN *et al.*, 2014; GALLARDO-VÁZQUEZ; SÁNCHEZ-HERNÁNDEZ; CASTILLA-POLO, 2014). Autores como De Carvalho e Neto (2008), além de Gimenes e Gimenes (2006), Meurer e Marcon (2007) e ainda Oliveira (1991) são defensores do uso de indicadores de desempenho em sustentabilidade para as operações das cooperativas agropecuárias.

É notório que tornar-se um agente sustentável não é mais somente uma escolha, a adoção de boas práticas é uma necessidade. Essa observação é congruente com a postura de autoridades no que tange ao implemento de iniciativas de estímulo à conformidade e de normas de cumprimento compulsório, punindo condutas irregulares (SPRICIGO, 2021).

Adotar práticas de conformidade ESG é um esforço que deve ser entendido como investimento, conforme Spricigo (2023). Investimento em práticas que identifiquem riscos, criem formas de mitigá-los, agregem valor reputacional, permitam o acesso a benefícios junto a instituições públicas e privadas, dentre outros pontos positivos. A organização e seus dirigentes estão traçando uma oportunidade de alcançar o desenvolvimento sustentável ao implementar tais práticas.

Diante do exposto, justifica-se a escolha do cooperativismo agropecuário gaúcho e do tema ESG. Este estudo dedica um olhar atento para as futuras gerações, buscando analisar como estão as práticas ambientais, sociais, de governança e ainda inclui as práticas de desempenho econômico, princípios do cooperativismo e Objetivos do Desenvolvimento Sustentável (ODS) das cooperativas agropecuárias gaúchas.

Perante a especificidade do negócio cooperativo e tendo em vista que não há na literatura um sistema padronizado de avaliação de indicadores de desempenho em sustentabilidade ESG para as cooperativas agropecuárias, pretende-se avançar nessa lacuna, com o foco voltado para as práticas de sustentabilidade que as cooperativas vêm adotando e que poderão direcionar no sentido de identificar os indicadores de desempenho e o índice ESG. Por isso, surge a questão: como se relacionam as práticas de sustentabilidade ESG das cooperativas agropecuárias do Rio Grande do Sul com os diferentes indicadores de desempenho?

Na busca por responder a essa questão, este estudo tem como objetivo geral caracterizar e analisar as práticas de sustentabilidade

ESG e suas relações com os diferentes indicadores de desempenho das cooperativas agropecuárias do Rio Grande do Sul.

A partir do objetivo geral deste estudo, foram definidos os seguintes objetivos específicos:

- Identificar e caracterizar as práticas de sustentabilidade ESG nas cooperativas agropecuárias do RS.
- Verificar e mensurar como as práticas das dimensões ESG se relacionam com o desempenho econômico, os princípios cooperativistas e com os Objetivos do Desenvolvimento Sustentável nas cooperativas agropecuárias gaúchas.
- Analisar e aferir as práticas entre as dimensões de desempenho econômico, princípios cooperativistas e Objetivos do Desenvolvimento Sustentável (ODS) nas cooperativas agropecuárias do Rio Grande do Sul.

Este livro está organizado em quatro capítulos, como mostra a figura abaixo.

Figura 1: Estrutura do livro

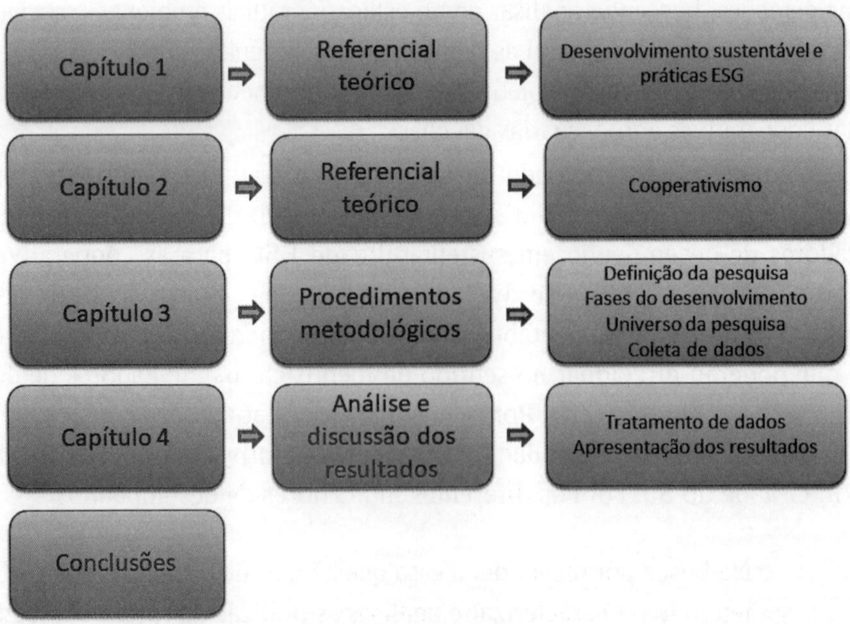

Elaboração: Autora.

CAPÍTULO I

DESENVOLVIMENTO SUSTENTÁVEL E PRÁTICAS ESG

1. DESENVOLVIMENTO SUSTENTÁVEL

O conceito de desenvolvimento sustentável surgiu durante a Comissão de Brundtland, na década de 1980, quando a Assembleia Geral da ONU (Organização das Nações Unidas) atribuiu ao Programa das Nações Unidas para o Meio Ambiente (PNUMA) — produto da Conferência de Estocolmo na Suécia — a tarefa de delinear estratégias ambientais. Como resultado dessa iniciativa, em 1987 foi publicado o relatório da Comissão Mundial sobre Meio Ambiente e Desenvolvimento (grupo de especialistas reunidos pelo PNUMA), intitulado "Nosso Futuro Comum" conhecido como Relatório Brundtland (em homenagem à sua presidente, a ex-primeira-ministra da Noruega, Gro Harlem Brundtland). Esse relatório lançou o paradigma do desenvolvimento sustentável, conceito basilar de todas as negociações internacionais atuais sobre o meio ambiente. Na XV Sessão do Conselho de Administração do PNUMA (1989) foi aprovada a seguinte definição:

> o desenvolvimento sustentável é o desenvolvimento que atende às necessidades do presente sem comprometer a capacidade das gerações futuras atenderem às suas próprias necessidades (UN, 1989).

Camargo (2003, p. 43) cita outra definição para o termo também apresentado na Comissão de Brundtland: em essência, o desenvolvimento sustentável é um processo de transformação no qual a exploração dos recursos, a direção dos investimentos, a orientação do desenvolvimento tecnológico e a mudança institucional se harmonizam e reforçam o potencial presente e futuro, a fim de atender às necessidades e aspirações humanas.

Depois do conceito do Relatório Brundtland, surgiram na literatura mais de 300 conceitos sobre desenvolvimento sustentável (JACOBS, 1995), mas até hoje não há consenso na conceituação, portanto, para esta tese, adota-se o conceito acima da ONU (UN, 1989). Apesar de não haver consenso, há unanimidade dos autores de referência, quanto a necessidade de propostas em prol da sustentabilidade (GUIMARÃES, 1998, p. 14).

O Conselho de Administração do PNUMA (UN, 1989) considera que a consecução do desenvolvimento sustentável envolve cooperação dentro das fronteiras nacionais e através delas. Implica progresso na direção da equidade nacional e internacional, inclusive assistência aos países em desenvolvimento de acordo com seus planos de prioridades e objetivos. Implica também na economia internacional de crescimento e desenvolvimento. Estes são os elementos de maior relevância para o manejo mais adequado do meio ambiente.

Portanto, o desenvolvimento sustentável refere-se à manutenção, ao uso racional e a valorização dos recursos naturais que sustenta a recuperação dos ecossistemas e mantém o crescimento econômico. Desenvolvimento sustentável envolve, por fim, a incorporação de critérios e considerações ambientais, na definição de políticas, de planejamento e de desenvolvimento (ECO, 1992).

Destacam Cristófalo *et al.* (2016) que a partir da década de 1990, ficou evidente que a economia global sofreria grandes alterações em prol do cumprimento das metas ambientais. Esse ponto fica evidenciado com a promoção da Conferência das Nações Unidas sobre o Meio Ambiente e o Desenvolvimento (CNUMAD), conhecida como Rio-92, quando foram criadas ações concretas para combater o aquecimento global (Agenda 21), em 1992 e o Protocolo de Kyoto, em 1997 (MARTINS *et al.*, 2015).

Seguindo nesse caminho, o sociólogo inglês John Elkington teve a iniciativa de fundar a consultoria SustainAbility, instituindo um modelo de mudança social fundamentado pelo *triple bottom line* ou tripé da sustentabilidade, que prevê a integração entre as dimensões ambiental, social e econômica, com o propósito de atender de forma equilibrada o planeta, as pessoas e o lucro. Desse modelo partiu a ideia de que as organizações devem medir o valor que geram ou não nas três dimensões (ELKINGTON, 1999).

Elkington (1999, p. 397) enfatiza que a sustentabilidade deve ser entendida como um modelo de gestão de negócios que visa o retorno (lucro) para os acionistas, envolvendo a proteção dos recursos naturais do planeta, a promoção social e o desenvolvimento econômico, gerando esses valores, cria-se uma visão holística e valor sustentável (KANWAL; NADEEM, 2013).

Por esses motivos, na virada do milênio, as lideranças políticas mundiais adotaram o desenvolvimento sustentável - pilar basilar do cooperativismo - como um modelo de liderança para o desenvolvimento (WASS *et al.*, 2011).

Após alguns anos, a Organização para a Cooperação e o Desenvolvimento Econômico (OCDE, 2011) aprofundou o entendimento sobre desenvolvimento sustentável, estabelecendo a importância de haver o equilíbrio entre as três dimensões em longo prazo e em perspectiva global, o que conduziria a uma ampla sensação do bem-estar humano.

Diante da ampliação do conceito, a sustentabilidade vem sendo cada vez mais utilizada como estratégia empresarial, sobretudo no mundo dos negócios, o que leva as organizações a se tornarem mais flexíveis para se adaptarem as mudanças de mercado. A antiga ideia do foco no resultado financeiro ficou para trás. Atualmente, o desafio das organizações está em conciliar sustentabilidade com rentabilidade e resultado financeiro, através da adesão às práticas sustentáveis (PONTE; WENCESLAU, 2022).

Nunes *et al. (*2012) ainda acrescentam um outro desafio: a forma de avaliar a sustentabilidade dos negócios. A abordagem utilizada nos relatórios contábeis e financeiros existentes levam a verificar as diferenças dos indicadores entre organizações sustentáveis, contudo não é possível extrapolar essa análise em termos de possibilitar mensurar a sustentabilidade ou grau de maturidade da organização.

Em suma, nesse novo momento, segundo Ponte e Wenceslau (2022), há a necessidade de valorização das relações com o meio ambiente e com as pessoas, imputando mais responsabilidade às organizações, que passaram a incluir nas estratégias de seus negócios as demandas ambientais, sociais e de governança. Isto representa uma visão mais ampla do que a anterior, relacionada somente aos aspectos econômicos e produtivos. Por isso, em um mercado onde crescem as expectativas da sociedade em relação às organizações para adotarem práticas com impacto positivo, onde os recursos naturais se tornam cada vez mais escassos e as mudanças climáticas globais estão colocando em risco os mecanismos de suporte à vida humana e à atividade econômica, adotar a sustentabilidade sob o olhar ESG, amplia a vantagem competitiva e fideliza a marca corporativa. Por isto, a sustentabilidade corporativa é frequentemente observada considerando fatores ESG.

Cabe ressaltar a diferença entre desenvolvimento sustentável e sustentabilidade. Segundo o Tribunal de Contas da União (TCU) (BRASIL,

2018), desenvolvimento sustentável refere-se ao que pode ser mantido e perpetuado, avaliando o tripé ambiental, social e econômico, sendo desenvolvido através de planos de ação por áreas. Já a sustentabilidade é mais ampla, é um processo que tem a finalidade de reduzir os excessos de consumo, através da mudança do modo de vida, privilegiando a redução ou eliminação de uso de insumos não renováveis, promovendo a reciclagem, oferecendo educação ambiental e conservando os recursos hídricos, florestas e solos. Enfim, o desenvolvimento sustentável é o caminho para chegar à sustentabilidade. No item seguinte, aprofunda-se sobre o tema principal deste estudo, o ESG.

1.1. ESG (*ENVIRONMENTAL, SOCIAL AND GOVERNANCE*) OU ASG (AMBIENTAL, SOCIAL E GOVERNANÇA)

1.2. CONCEITO ESG

Na pesquisa realizada de 1985 a 2020, Li *et al.* (2021) concluíram que não há uma definição clara sobre ESG na literatura. Garcia *et al.* (2017) descobriram que ESG, responsabilidade corporativa, sustentabilidade e governança socioambiental são termos utilizados como sinônimos nos artigos científicos.

O nascimento da sigla ESG emergiu gradualmente na Europa e nos EUA. O termo ESG foi oficialmente cunhado em 2004 com a publicação do Relatório "Who Cares Wins" (Quem cuida ganha) pelo Pacto Global da ONU (WORLD BANK, 2004). Esse documento foi o resultado de uma provocação do então secretário-geral da ONU, Kofi Annan, a cinquenta CEOs de grandes instituições financeiras do mundo. Esse relatório pedia a integração de fatores ESG na análise financeira, gestão de ativos e corretagem de títulos no mercado de capitais. A proposta era obter respostas dos bancos sobre como integrar os fatores ESG ao mercado de capitais. A instrução foi para minimizar os impactos negativos, potencializar os positivos gerados na sociedade e no meio ambiente, além de agir sobre eles (KELL, 2018).

O documento oriundo da colaboração desses CEOs indicou com destaque a ideia de que decisões financeiras baseadas em análises de fatores ESG contribuiriam para a promoção de um mercado mais estável e previsível. Embora relevantes, reconheceu-se a amplitude de assuntos a serem abrangidos pela análise de fatores ESG e que os definir seria um desafio a ser solucionado de forma colaborativa. O almejado com o documento era selecionar parâmetros de análise, capazes de verificar efetivamente práticas sustentáveis por diferentes organizações. Nesse cenário, o relatório "*Who Cares Wins*" trouxe um conjunto preliminar de exemplos de questões ESG que teriam impactos no mundo corporativo (SPRICIGO, 2021)

Quadro 1: Questões ESG que afetam o valor da organização e do investimento

Ambiental	Social	Governança Corporativa
Mudanças climáticas e riscos relacionados	Saúde e segurança no local de trabalho	Estrutura do conselho de gestão e mecanismos de responsabilidade
Necessidade de reduzir emissões e resíduos tóxicos	Relações comunitárias	Procedimentos de contabilidade e de divulgação de informações
Nova regulação, ampliando os limites da responsabilidade ambiental no que diz respeito a produtos e serviços	Questões de direitos humanos na organização e nas instalações de seus fornecedores e demais terceirizados contratados	Estrutura do comitê de auditoria e independência dos auditores
Aumento da pressão da sociedade civil por melhor desempenho, transparência e responsabilidade, levando a riscos reputacionais se não gerenciados corretamente	Relações com o governo e a comunidade no contexto das operações em países em desenvolvimento	Remuneração de executivos

Mercados emergentes para serviços ambientais e produtos ecológicos		Gestão de questões de corrupção e suborno

Fonte: WORLD BANK, p. 6, 2004.

Em outubro de 2005, após o surgimento do Relatório "Who Cares Wins", a Iniciativa Financeira do Programa das Nações Unidas para o Meio Ambiente (UNEP FI) produziu o Relatório Freshfield que evidenciou a importância de abraçar as questões ESG na avaliação financeira (UNEP FI, 2009). Assim, as questões ESG tornaram-se o esteio para a inauguração dos Princípios para o Investimento Responsável (PRI) na Bolsa de Nova York em 2006 e o apoio para a decolagem da *Sustainable Stock Exchange Initiative* (SSEI) em 2007 (KELL, 2018).

O ESG é um indicador central de desempenho não financeiro, mas influenciado por aspectos financeiros, por isso também é importante considerá-lo para uma análise completa da organização. Os investidores que utilizam o conceito de investimento socialmente responsável acreditam que os fatores ESG ajudam a ter uma visão do desempenho em longo prazo da organização (GAO *et al.*, 2021). A importância da implementação de fatores ESG na atividade das organizações é referida por Eliwa *et al.* (2021), cujo estudo apoia a ideia de papéis complementares entre comunidade, mercado e estado na implementação de práticas ambientais, sociais e de governança.

Portanto, o ESG é uma filosofia de investimento que busca o crescimento de valor em longo prazo. Por esse motivo, o EBA (*European Banking Authority*) entende que os fatores ESG podem impactar positiva ou negativamente o desempenho financeiro e até mesmo na solvência de uma organização (EBA, 2021).

Para este estudo, o ESG é entendido como o conjunto de boas práticas empregadas com o objetivo de garantir a sustentabilidade. No entanto, a falta de indicadores padronizados no mercado, bem como sua forma de avaliá-los dificulta a realização de análises comparativas entre organizações e países, assim dificulta também a forma de verificar a efetividade das políticas adotadas pelas organizações.

Nesse conjunto de boas práticas, se reconhecem os vínculos entre sociedade e meio ambiente, e assim surgem novas exigências dos *stakeholders* - clientes, comunidades, reguladores, bancos, fornecedores e partes envolvidas - com o propósito de melhorar suas atividades e apoiar o bem-estar das comunidades onde estão inseridas (DINU, 2010; NITESCU; CRISTEA, 2020).

Nesse contexto, os parâmetros que norteiam o ESG no âmbito internacional, segundo Spricigo (2021), são:

- Os Objetivos de Desenvolvimento Sustentável da ONU;
- Os Princípios do Pacto Global;
- Os Princípios para o Investimento Responsável.

Os Objetivos de Desenvolvimento Sustentável (ODS) estão elencados atualmente na Agenda 2030, adotada por todos os 196 países membros das Nações Unidas, em 2015. O plano de ação indica 17 metas a serem alcançadas até 2030, dando continuidade aos Objetivos de Desenvolvimento do Milênio (ODM) (SPRICIGO, 2021).

No que tange ao objetivo de ação climática, vale ressaltar a relevância do Acordo de Paris adotado na Conferência das Nações Unidas sobre as Mudanças Climáticas de 2015 (COP21). O acordo é um tratado internacional que afirma o comprometimento de 196 países em limitar o aquecimento global por meio da redução de emissões de gases de efeito estufa. Os países vinculados ao acordo estariam submetidos à adoção de ciclos quinquenais de iniciativas para a readequação de práticas que agravam o aquecimento global, sendo elas divulgadas e sujeitas à avaliação internacional para a verificação do progresso em direção aos objetivos do Acordo de Paris (SPRICIGO, 2021).

O Pacto Global é uma iniciativa das Nações Unidas que almeja integrar o setor privado ao conjunto de valores sobre o desenvolvimento sustentável estabelecido pela comunidade internacional. Ao ser criado em 2000, o Pacto Global propôs que organizações adotassem estratégias com base em 10 princípios nas áreas de Direitos Humanos, Trabalho, Meio Ambiente e Anticorrupção (SPRICIGO, 2021).

Quadro 2: Princípios do Pacto Global das Nações Unidas

Direitos Humanos	Princípio 1	As empresas devem apoiar e respeitar a proteção de direitos humanos reconhecidos internacionalmente.
	Princípio 2	Assegurar-se de sua não participação em violações destes direitos.
Trabalho	Princípio 3	As empresas devem apoiar a liberdade de associação e o reconhecimento efetivo do direito à negociação coletiva.
	Princípio 4	A eliminação de todas as formas de trabalho forçado ou compulsório.
	Princípio 5	A abolição efetiva do trabalho infantil.
	Princípio 6	Eliminar a discriminação no emprego.
Meio Ambiente	Princípio 7	As empresas devem apoiar uma abordagem preventiva aos desafios ambientais.
	Princípio 8	Desenvolver iniciativas para promover maior responsabilidade ambiental.
	Princípio 9	Incentivar o desenvolvimento e a difusão de tecnologias ambientalmente amigáveis.
Anticorrupção	Princípio 10	As empresas devem combater a corrupção em todas as suas formas, inclusive extorsão e propina.

Fonte: PACTO GLOBAL (2022a).

No escopo de fortalecimento de redes locais, o Pacto Global (2022b) indica que no contexto atual, somente o sétimo ODS (energia acessível e limpa) poderá ser alcançado até 2030. A carência com relação aos demais ODSs e a inclinação internacional para a melhoria de desempenho das redes esboçam um cenário profícuo para o desenvolvimento sustentável no país. A Rede Brasil (PACTO GLOBAL, 2022b) propõe uma ampla frente de ação que se alinha a tal cenário, sendo um dos segmentos dessa frente a Plataforma Ação pelo Agro Sustentável. A plataforma teria a meta de fomentar, dar escala e disseminar práticas de produções sustentáveis e mais do que isso, utilizar essas novas formas de trabalho como diferencial competitivo do agronegócio brasileiro.

Embora a ação ainda apresente predisposição para o aprofundamento temático, a Rede Brasil publicou em 2016 a cartilha "Os princípios empresariais para alimentos e agricultura como orientadores para os objetivos do desenvolvimento sustentável". A cartilha busca orientar uma atuação mensurável no agronegócio, facilitando a gestão de boas práticas e o reporte de informações, a partir de seis princípios e os respectivos ODS com os quais se relacionam (UN, 2016, p. 9-10).

Quadro 3: Princípios empresariais para alimentos e agricultura como orientadores para os objetivos de desenvolvimento sustentável

PRINCÍPIOS	TEMAS
Princípio 1: Promover a segurança alimentar, saúde e nutrição	ODS 2 - Fome zero e agricultura sustentável
	ODS 3 - Saúde e bem-estar
	ODS 12 - Consumo e produção responsáveis
Princípio 2: Ser ambientalmente responsável	ODS 2 - Fome zero e agricultura sustentável
	ODS 6 - Água potável e saneamento
	ODS 7 - Energia limpa e acessível
	ODS 12 - Consumo e produção responsáveis
	ODS 13 - Ação contra a mudança do clima
	ODS 14 - Vida na água
	ODS 15 - Vida terrestre
Princípio 3: Garantir viabilidade econômica e compartilhar valores	ODS 8 - Trabalho decente e crescimento econômico
	ODS 9 - Indústria, inovação e infraestrutura
	ODS 12 - Consumo e produção responsável

PRINCÍPIOS	TEMAS
Princípio 4: Respeitar os direitos humanos, criar trabalho digno e ajudar as comunidades rurais a prosperarem	ODS 1 - Erradicação da pobreza
	ODS 2 - Fome zero e agricultura sustentável
	ODS 4 - Educação e qualidade
	ODS 5 - Igualdade de gênero
	ODS 8 - Trabalho decente e crescimento econômico
	ODS 9 - Indústria, inovação e infraestrutura
	ODS 10 - Redução das desigualdades
	ODS 11 - Cidades e comunidades sustentáveis
Princípio 5: Incentivar a boa governança e responsabilidade	ODS 16 - Paz, justiça e instituições eficazes
Princípio 6: Aprimorar o acesso e a transferência de conhecimentos, habilidades e tecnologias	ODS 1 - Erradicação da pobreza
	ODS 2 - Fome zero e agricultura sustentável
	ODS 9 - Indústria, inovação e infraestrutura
	ODS 17 - Parcerias e meios de implementação

Fonte: UN - GLOBAL COMPACT – REDE BRASIL (2016).

Quanto aos Princípios do Investimento Responsável (*Principles for Responsible Investment*) (PRI, 2021), as práticas ESG estão em constante mudanças e incluem os seguintes temas em cada uma das dimensões:

- Ambientais: preocupações e ações concretas das organizações com temas como mudanças climáticas, esgotamento de recursos e resíduos, aquecimento global, poluição do ar, desmatamento, biodiversidade, eficiência energética, escassez de água, etc;
- Sociais: associadas ao modo como a organização se relaciona com as partes interessadas em sua atuação, sendo tópicos importantes: escravidão moderna, trabalho infantil, condições de tra-

balho, relações com colaboradores, satisfação de clientes, proteção de dados e privacidade, diversidade de equipe, engajamento de colaboradores, relacionamentos com a comunidade e respeito aos direitos humanos e leis trabalhistas, etc;

- Governança: trata-se da gestão mais ampla da organização, desenvolvendo assuntos como: suborno e corrupção, remuneração executiva, diversidade e estrutura do conselho, lobby político e doações, estratégia fiscal, composição do conselho, estrutura de comitês, auditoria, conduta e remuneração de executivos, relações com entidades governamentais, existência de canais de denúncia, etc.

Vale destacar a importância da governança dentro do tripé ESG, dimensão fundamental para o futuro das organizações (BHAGAT; BOLTON, 2008). A governança mantém desempenho e crescimento financeiro estáveis, abrangendo ética nos negócios, divulgação e responsabilização (ABOUD; DIAB, 2018).

Durante décadas, os três pilares ESG não eram considerados relevantes pela maioria das organizações que focavam na maximização do lucro. Acreditava-se que as responsabilidades ESG não incidiam sobre o desempenho financeiro e eram percebidas como um ônus potencial, estando relacionadas ao aumento de custos. Entretanto, com o tempo se percebeu que questões ESG influenciavam não só a rentabilidade, mas também a viabilidade financeira de várias empresas. Como consequência natural, o processo de alocação de ativos (termo utilizado para expressar bens, valores, créditos, direitos e assemelhados que formam o patrimônio) em fundos ESG, começou a evoluir (BILLIO, 2020).

Assim, o estudo dos fatores ambientais (E), sociais (S) e de governança (G) como um todo, gradualmente vem ganhando espaço após o estabelecimento do conceito da responsabilidade social corporativa (RSC), que tinha o lucro econômico como principal indicador (FRIEDMAN, 1970).

A crescente consciência ambiental, social e de governança tem sido observada em todo o mundo, devido à crise financeira de 2008 que afetou tanto o setor privado, quanto o público. De fato, o efeito da crise foi triplo: primeiro, destacou a relevância das decisões dos investidores;

segundo, aumentou a consciência pública em termos de responsabilidade social; em terceiro lugar, salientou a importância das boas práticas de governança (BILLIO, 2020).

Embora o investimento socialmente responsável ou responsabilidade social corporativa (RSC), que tinha o lucro econômico como principal indicador (FRIEDMAN, 1970), exista desde a década de 1920, só recentemente tem experimentado considerável interesse e tornou-se uma preocupação. Além da crise e do aumento da consciência dos fatores ESG, aumentou a ocorrência de eventos climáticos extremos, prejudicando a infraestrutura e perturbando os mercados globais (BILLIO, 2020).

A seguir verifica-se a crescente importância sobre o tema.

1.2.1. IMPORTÂNCIA DO ESG

Para verificar a importância do "ESG", o termo foi pesquisado no Google Trends, que é uma ferramenta do Google que mostra os termos mais populares buscados em um determinado período de tempo. A ferramenta apresenta gráficos com a frequência em que um termo é procurado no mundo (GOOGLE TREND, 2023).

Percebe-se o interesse cada vez maior pela temática, conforme se pode observar no Gráfico 1, iniciando em janeiro de 2004, com 17 pesquisas sobre o assunto e chegando em dezembro de 2023 com 85 pesquisas, o que corresponde a um crescimento de 500% em termos de pesquisa no Google. Verifica-se que após dezembro de 2019 o gráfico demonstra aumento importante, com tendência de crescimento.

Gráfico 1: ESG no mundo, jan/2004 – dez/2023

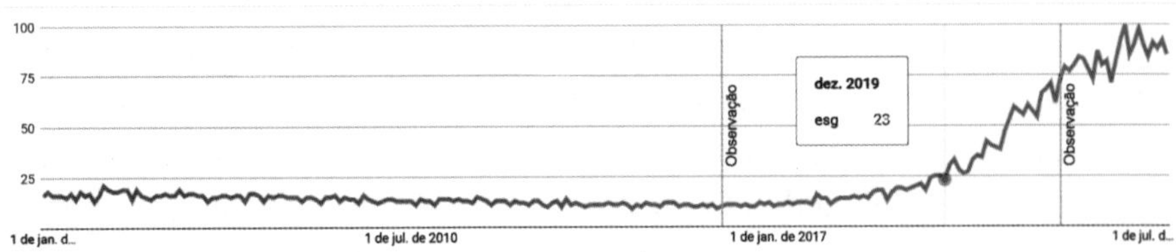

Fonte: GOOGLE TRENDS (2023).

Gráfico 2: ESG no mundo, dez/2019 – dez/2023

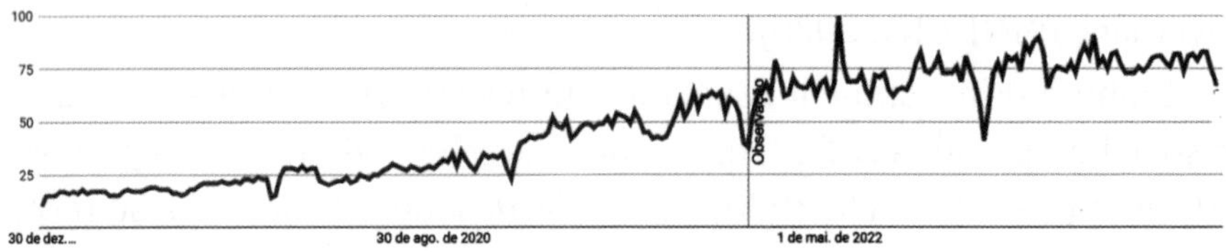

Fonte: GOOGLE TRENDS (2023).

O interesse no assunto tem transformado o mundo dos investimentos e surtido dois efeitos principais e complementares: a movimentação dos investidores preocupados com os fatores ESG na busca de que estejam alinhados com os princípios organizacionais e a movimentação das organizações na adoção de práticas ESG.

No Google Acadêmico o termo ESG aparece até dez/2023 em 663.000 artigos (GOOGLE ACADÊMICO, 2023) e na Web of Science o termo ESG, de 1946 a dez/ 2023, está presente em 4.342 publicações (WEB OF SCIENCE, 2023).

Esse exponencial interesse em ESG, chama a atenção. Estima-se que boas práticas em ESG no mundo, devam atrair até US$ 53 trilhões de dólares em investimentos até 2025, conforme dados da Consultoria Bloomberg (EASYCOOP, 2022).

A *PricewaterhouseCoopers* (PWC, 2022) traz dados interessantes sobre o ESG. A pesquisa analisou relatórios de 78 das 81 empresas que compõem o Ibovespa (referente a carteira maio-agosto/21) e mostrou que embora os relatórios destaquem temas ESG, 31% das empresas não adotam metas claras relacionadas a esse assunto. E apesar das empresas privadas estarem inclinadas a divulgar dados relacionados à sustentabilidade, elas ainda não demonstram muita preocupação em submeter informações a uma verificação externa que assegure a qualidade e a confiabilidade dos relatórios. Entretanto, o que se observa no mercado é que a mentalidade está mudando. A conformidade ESG não é apenas uma tendência, também está se tornando um requisito para a competitividade e novas oportunidades.

Contudo, é positivo que 85% das empresas que fizeram parte da pesquisa apresentaram informações em relatórios disponíveis para o público, mesmo sem ter a obrigatoriedade de fazê-lo. Isso indica que, de alguma forma, elas estão respondendo às exigências da sociedade e mostra o nível de comprometimento com a divulgação de informações que são essenciais para investidores e demais *stakeholders* (grupos de pessoas ou organizações que podem ter algum tipo de interesse pelas ações da organização). O enorme desafio agora é tornar essas informações comparáveis e verificáveis (PWC, 2022).

As organizações com alto desempenho ESG tendem a se manter sustentáveis ao longo dos anos, gerenciando com sucesso as metas de negócios. Embora as práticas ESG possam melhorar o desempenho dos negócios, se a divulgação dos relatórios ESG não for satisfatória, podem acabar prejudicando a reputação da empresa e, eventualmente, colocar a imagem da organização em um dilema (THOMSON REUTERS, 2017).

Em uma pesquisa realizada, de 2019 a 2021 no Brasil pelo Pacto Global e Stilingue (2021), em cinco segmentos (financeiro, óleo e gás, agronegócio, varejo, alimentos e bebidas) sobre percepções e ações práticas de ESG dentro das organizações, o agronegócio foi o setor com mais familiaridade com o tema, tanto que 87% dos proprietários e sócios afirmaram já terem ouvido falar sobre o assunto.

No segmento agro, o estímulo para aplicar em ações que gerem impactos positivos na esfera ambiental, foi mais forte em sete pontos percentuais, comparado com os demais setores (financeiro, óleo e gás, varejo, alimentos e bebidas). Para 6% dos respondentes do agro, gerar impacto positivo para o meio ambiente é hábito pouco estimulado diariamente e esse número duplica (12%), quando se fala em gerar impacto social e de governança (PACTO GLOBAL; STILINGUE, 2021).

A pesquisa do Pacto Global e Stilingue (2021) ainda trouxe como resultado que as ações ambientais mais desenvolvidas pelos cinco segmentos foram: reciclagem e reaproveitamento de resíduos (22%), proteção e cuidado com o solo (19%) e diminuição da emissão de gases do efeito estufa (17%).

Quanto às ações de impacto social para o agronegócio, o apoio emergencial a COVID-19 foi a mais mencionada (23%), seguida por política de equidade de gênero e apoio às comunidades do entorno (19%). Para os profissionais do agro, a criação de mecanismos internos de *compliance* (cumprir e fazer cumprir as normas legais e regulamentares, as políticas e as diretrizes estabelecidas) foi elencada como a ação com impacto positivo mais importante no âmbito da governança (40%). Na pesquisa do

Pacto Global e Stilingue (2021), a governança foi a que registrou maior crescimento de projetos e ações, comparando 2021 com o ano anterior.

Observa-se que tanto o agro, como o ESG têm fortes implicações nos mercados de capitais das economias em desenvolvimento (GARCIA *et al.*, 2017) e vêm se expandindo para todos os tipos de negócios, inclusive no cooperativismo.

As evidências indicam que as organizações que relatam informações sobre suas atividades ESG são menos propensas a se envolver em má conduta (GILLAN, 2021). Além disso, a divulgação para algumas organizações é uma forma de evitar a punição do mercado de ações (GRI, 2016).

Nessa onda de valorização das práticas ESG, os relatórios de divulgação de ações e indicadores começam a ganhar espaço. Os relatórios sociais começaram a ser publicados pela primeira vez durante a década de 1970, como adendo dos relatórios financeiros. Depois deram lugar também aos relatórios ambientais, com a criação do conceito de desenvolvimento sustentável durante os anos 1990-2000 (HABEK; WOLNIAK, 2016; ETZION; FERRARO, 2010; KOLK; PINKSE, 2009).

Posteriormente, relatórios integrados surgiram na década 2000, nos quais as empresas apresentavam seus desempenhos sociais e econômicos simultaneamente (JENKINS; YAKOVLEVA, 2006). Atualmente, existem diferentes tipos de relatórios, como de: gestão, gestão e sustentabilidade e somente de sustentabilidade. No meio cooperativo se encontram algumas cooperativas que seguem as diretrizes do GRI (Global Reporting Initiative), mas sua utilização no ramo agropecuário ainda é restrita (GOOGLE ACADÊMICO, 2023). Entretanto, verifica-se que não há uma padronização nesses relatórios, dificultando a possibilidade de análise histórica dos indicadores para o público, pois muitas vezes as cooperativas mudam a maneira de informar de um ano para o outro. Em função disso, a comparação com outras cooperativas fica difícil e sem padronização (JUDDOO *et al.*, 2023).

Pertencer a um índice de ações ESG, incentiva a organização a melhorar sua gestão de sustentabilidade, uma vez que este fato envia sinais positivos para os acionistas/sócios e demais *stakeholders* (MACKENZIE *et al.*, 2013).

Em suma, os estudos demonstram que aos poucos, as questões ESG têm se tornado uma estratégia usada pelos investidores para avaliar o comportamento corporativo e planejar sobre o desempenho futuro. E para avaliar o desenvolvimento sustentável das organizações, os três pilares ESG têm se tornado postos-chave a serem considerados no processo de análise de investimento e tomada de decisão (LI *et al.*, 2021).

O tripé ESG tem sido considerado no relatório de sustentabilidade como uma ferramenta de comunicação que fornece informações integradas aos interessados internos e externos em relação aos aspectos econômicos, ambientais e resultados sociais das atividades da organização (HABEK; WOLNIAK, 2016; DAUB, 2007). O relatório de sustentabilidade é uma avaliação periódica voluntária e de divulgação pública para apresentar os esforços e avanços da organização para as partes interessadas, além disso, acompanha o avanço das ações de sustentabilidade (YALIN *et al.*, 2019).

Cada vez mais organizações estão divulgando informações voluntárias e não financeiras em seus relatórios de sustentabilidade. As organizações que divulgam suas práticas estão ganhando reputação e melhorando a comunicação das ações, o que as leva a serem consideradas em conformidade com as práticas de sustentabilidade (SHAIKH, 2022).

A possiblidade da falta de integridade e de ética (ARMSTRONG, 2020) e a necessidade de transparência endossaram a importância de reportar indicadores não financeiros de desempenho. Assim, o relatório de sustentabilidade surgiu como resultado da crescente demanda das partes interessadas em relação à transparência e a prestação de contas (SEGUÍ-MAS, *et al.*, 2015).

Sendo assim, o RNF (Relatório Não Financeiro) pode ser apresentado de diversas formas nos relatórios, como por exemplo: relatórios de responsabilidade social corporativa (RSC), relatórios integrados (IR), relatórios dos ODS, relatórios do GRI e relatórios de GEE, entre outros (TURZO *et al.*, 2022). Os RNFs proporcionam maior transparência e confiança, além de legitimidade entre as partes interessadas e como consequência, os investidores acabam reduzindo o custo de refinanciamento da organização e/ou ainda atraindo mais capital (FRIEDE, 2015; BUALLAY, 2019; SÌMNETT, 2009).

A pesquisa de Armstrong (2020) traz conclusões importantes. O pesquisador verificou que 88% dos estudos mostram que práticas ESG sólidas resultam em melhor desempenho operacional das organizações e em 90% dos estudos, os padrões sólidos de sustentabilidade reduziram o custo de capital das empresas.

Outro achado sobre ESG foi o estudo de Krusse e Lundgergh (2010). Os autores verificaram que os investidores estão dispostos a dispender menor monta financeira em organizações que não consideram o desempenho ambiental e social, porque consideram investimentos mais arriscados. Portanto, a promoção da divulgação ESG, em última análise, beneficiará tanto a organização, quanto suas partes interessadas, aprimorando a tomada de decisões externas e internas, alcançando mais transparência, melhoria do registro ambiental e da legitimidade social das organizações, com foco nas questões de governança.

Em outro estudo, de Carlos (2022) com seguradoras listadas na B3, as ações ESG que o autor observou como mais relevantes foram: riscos climáticos, amparo a populações de baixa renda e governança corporativa. Os resultados mostraram como práticas mais frequentes:

- Ambiental: gestão da emissão e eficiência ambiental;
- Social: busca pela diversidade, igualdade de oportunidades e ações sociais evidenciadas na pandemia;
- Governança: composição de conselhos, comitês, políticas, canais de denúncia, ações de combate à corrupção e prevenção à lavagem de dinheiro.

As oportunidades de melhoria encontradas por Carlos (2022) foram: prevenção e gerenciamento de riscos ambientais e climáticos (ambientais); inclusão social e educação financeira (sociais) e revisão de efetividade de controles (governança).

Na visão da teoria dos *stakeholders*, a ênfase é ampla e conversa com as práticas ESG, pois reforçam seu relacionamento com a sociedade, colaboradores e demais partes interessadas (SIEW; MANSOR, 2020). O foco está em como os negócios impactam a economia, o meio ambiente e a sociedade como um todo. Freeman (1994) sugere que as práticas ESG impactam no desempenho, pois os gestores das organizações devem prestar contas aos acionistas/associados e a todas as outras partes interessadas. A evolução dessa abordagem holística de gestão de negócios, com foco no ESG, pode influenciar diretamente o desempenho das organizações (SHAIKH, 2022).

Portanto, a teoria das partes interessadas ou dos *stakeholders* é relevante para organizações que promovem esforços para ajudar a proteger o meio ambiente, buscar melhorar o bem-estar social e as relações com a comunidade onde estão inseridas e muitas vezes, aderem a práticas de governança que maximizam o valor.

A teoria das partes interessadas afirma que quanto melhor uma organização gerencia os relacionamentos com as partes interessadas, melhor sucedida será ao longo do tempo. As partes interessadas incluem indivíduos ou grupos que se beneficiam ou são prejudicados por suas ações (FREEMAN, 1994). Os gestores devem ser responsáveis por comunicar as informações relevantes para as partes interessadas e suas reivindicações sobre as dimensões ESG (BUNIAMIN, 2020).

A adoção do ESG é uma tendência que se firma e tem começado a estabelecer novos padrões empresariais e sociais de desenvolvimento, tornando-se requisito para a sobrevivência e competitividade das instituições. O cooperativismo, pelas suas características intrínsecas, tem demonstrado ser o sistema mais adequado às novas necessidades ambientais, sociais e de governança, pois vislumbra crescimento e longevidade por conta do seu caráter sustentável e focado no coletivo (EASYCOOP, 2022).

A preocupação com as pessoas e com o meio ambiente, além de parte do ESG, também é parte dos princípios cooperativistas, pois é de total interesse dos cooperados a manutenção de seus recursos ativos e disponíveis, em equilíbrio com as necessidades individuais e coletivas. Grande parte do agronegócio brasileiro é representado por cooperativas agrícolas, que concedem oportunidades aos pequenos produtores, acesso à assistência técnica, crédito e outros, democratizando acessar o mercado globalizado, as novas tecnologias e as melhores práticas de operação sustentável.

São necessidades que refletem o comportamento atual dos consumidores, principalmente das novas gerações, que cada vez mais priorizam o consumo de marcas transparentes e responsáveis. Especialistas globais neste assunto dizem que até 2030, o ESG será o novo normal para os negócios e para as finanças. Empresas não cooperativas, cooperativas e instituições de todo porte - pequenas, médias e grandes - devem seguir os pilares do termo por uma questão de sobrevivência e competitividade, por isso é tão importante que incluam o tema ESG em sua agenda (SESCOOP/SP, 2021).

Entretanto, mesmo com a crescente bibliografia referente ao tema, a pesquisa ESG ainda tem um longo caminho pela frente (LI *et al.*, 2021). Os autores descobriram que a proximidade da cooperação entre os estudos não é alta e as pesquisas são poucas e relativamente dispersas.

Neste longo caminho ainda por vir, é necessário admitir o fato de que as organizações do mundo todo estão se adaptando e transferindo para o centro de suas preocupações as questões ambientais, sociais e de governança porque os reconhecem como fatores de criação de valor, o que leva ao desenvolvimento de uma mentalidade ESG proativa (PWC, 2021).

As organizações que posicionam o ESG no centro de sua estratégia de negócios serão os agentes da mudança na nova economia sustentável. E assim, como haverá líderes, haverá também retardatários. As organizações que não adotarem os princípios ESG se arriscarão a perder valor (PWC, 2021).

A pesquisa da PwC (2021) também mostra por que as empresas de capital privado estão adotando o investimento sustentável:

- Estão entrando em uma nova era de maturidade ESG;
- O ESG está se tornando a chave para a criação de valor; e
- O ESG está impulsionando o sucesso empresarial duradouro.

Devido à importância da relação entre criação de valor e ESG, segue-se o tópico a seguir.

1.2.2 ESG E A CRIAÇÃO DE VALOR

A chave está no valor que as práticas ESG criam para a organização (WANG *et al.*, 2022). A pesquisa realizada pela consultoria McKinsey, realça a importância das práticas sustentáveis. O levantamento apurou que a maioria dos executivos e profissionais de investimentos acreditam que a execução de programas sociais, ambientais e de governança geram valor em curto, médio e longo prazo (MCKINSEY & COMPANY, 2020).

Inclusive a PwC demonstra que grande parte dos investidores aceitam até mesmo sacrificar a lucratividade no curto prazo para lidar e implementar políticas ESG. As práticas de ESG são valorizadas, inclusive, durante processos de aquisição, elevando o valor montante envolvido. O estudo aponta que os executivos estão dispostos a pagar um preço até 10% maior no processo de aquisição de uma organização com atitudes positivas no âmbito ESG (SIENGE, 2022).

No relatório da McKinsey estão listados os cinco elos para a criação de valor através da implementação do ESG de maneira sistemática (MCKINSEY & COMPANY, 2021):

- **Crescimento de receita:** o ESG tem a capacidade de atrair a preferência dos compradores. Mais de 70% dos consumidores de diversas indústrias pagariam até 5% a mais por um produto sustentável. A solidez das medidas de sustentabilidade também facilitam a obtenção de licenças e a expansão para novos mercados.
- **Redução de custos:** a execução eficaz do ESG auxilia no combate e no aumento de gastos operacionais, como os relacionados à matéria-prima, água e carbono. A consultoria registrou que essa redução pode chegar até 60% do lucro operacional.
- **Redução das intervenções regulatórias e legais:** a consistência nas políticas de ESG ajuda a reduzir o risco da instituição de ser alvo de alguma ação governamental adversa. Tais políticas acabam por gerar suporte ao poder público, aliviando pressões regulatórias e abrindo, por exemplo a possibilidade por busca a subsídios. Dessa forma, é possível ter menos pressão regulatória e maior grau de liberdade estratégica.
- **Aumento da produtividade dos colaboradores:** uma proposta ESG coerente pode contribuir na atração e retenção de talentos qualificados, melhoria na motivação dos colaboradores inspirados pelo senso de propósito e assim, aumentar o engajamento e a produtividade geral.
- **Otimização de ativos e investimentos:** políticas corporativas conscientes têm a capacidade de melhorar o retorno sobre investimentos com alocação de recursos em oportunidades promissoras e sustentáveis.

Sendo assim, a criação de valor, leva a um bom desempenho financeiro, próximo assunto a ser tratado.

1.2.3. ESG E O DESEMPENHO FINANCEIRO

Há uma forte interação entre finanças e ESG. Os sistemas financeiros inclusivos possibilitam o combate à pobreza, acompanhar as mudanças climáticas, combater a exclusão social e as externalidades negativas (que é o termo utilizado para descrever os efeitos colaterais negativos que podem derivar da criação de um produto ou da execução de um serviço, partindo conscientemente ou não dos seus agentes responsáveis), desde que não provoque dano de nenhum tipo (KLAPPER, *et al.*, 2016; FERREIRA, 2016).

Ellili (2022) em seu estudo estimou os impactos da divulgação das práticas ESG e verificou a qualidade dos relatórios financeiros na eficiência do investimento nos Emirados Árabes Unidos no período 2010 a 2019. Os resultados sugerem que a divulgação ESG melhorou a transparência, mitigou a assimetria de informações e aumentou a eficiência do investimento.

Por esses motivos os fatores ESG são vistos como importantes, porque se acredita, cada vez mais, terem peso financeiro nas carteiras de investimento (RICHARDSON, 2009) e são considerados cruciais para o sucesso.

A relação entre ESG e desempenho financeiro foi encontrada por diversos estudos. Billio *et al.* (2020) verificou que há uma grande maioria dos estudos, tanto em países industrializados, quanto em economias emergentes, que destacam o impacto positivo entre os esforços ESG e a divulgação no desempenho financeiro das empresas. Também, Friede *et al.* (2015), analisaram mais de 2.200 estudos e destacam que cerca de 90% das respostas demonstram uma relação positiva entre ESG e desempenho financeiro corporativo.

Zhao *et al.* (2018) se concentraram em empresas chinesas de geração de energia e descobriram que um bom desempenho ESG pode melhorar o desempenho financeiro.

A relação entre ESG e desempenho financeiro também foi encontrada por Zwaan *et al.* (2015). Eles entrevistaram 549 australianos membros de fundos de aposentadoria. Os resultados indicam que a maioria dos investidores está interessada em investimentos ESG. O estudo descobriu que os membros não deixam de investir em ESG por razões financeiras.

Os autores identificaram no estudo uma preferência por governança corporativa, seguido por questões sociais e depois, questões ambientais.

Em contraponto aos achados acima, alguns estudos apresentam uma lacuna na relação entre ESG e desempenho financeiro. Apesar da evidência encorajadora das práticas ESG em relação ao desempenho financeiro das organizações em vários países e setores de negócios, o resultado permanece limitado e inconclusivo (SHAIKH, 2022).

Entretanto, há estudos que encontraram resultados de relações estatísticas negativas entre a pontuação ESG e o desempenho financeiro da empresa, diferentemente do que havia se imaginado na visão tradicional, como foi o caso de Shaikh (2022).

Além disso, outros estudos não demonstraram efeitos positivos na integração de fatores ESG e desempenho financeiro, como o de Friede *et al.* (2015) e o de Orlitzky (2003). Groot e Nijhof (2015) argumentaram que esse baixo desempenho financeiro de longo prazo é uma barreira para a integração de fatores ESG.

Em suma, não existe consenso sobre a relação dos temas ESG e desempenho financeiro nas organizações dos mais diversos ramos de diferentes países. Alguns pesquisadores encontram relações positivas e outros relações negativas entre eles, conforme se verificou nos estudos aqui citados, desenvolvidos no período de 2009 a 2022. Após não encontrar uma conclusão sobre a relação ESG e desempenho financeiro, buscou-se referências bibliográficas sobre as agências de classificação de risco, que servem como balizadores do desempenho das organizações no mercado, e por este motivo é o tema que vem a seguir.

1.2.4. AGÊNCIAS DE CLASSIFICAÇÃO ESG

O desenvolvimento do mercado financeiro sustentável, favorece o surgimento de agências de classificação ambiental, social e de governança (ESG), como provedoras de informações ESG e de ferramentas para medir a contribuição das empresas para o desenvolvimento sustentável.

As agências de classificação de risco ou de *rating* funcionam como medidoras de risco e são usadas pelo mercado financeiro para instruir investidores quanto às melhores decisões sobre onde colocar o dinheiro e fazer render (CNN BRASIL, 2021).

A responsabilidade das agências de *rating* ESG ultrapassa as fronteiras do mercado financeiro, uma vez que as consequências das mudanças dinâmicas nas avaliações de sustentabilidade corporativa afetam a sociedade como um todo (ESCRIG-OLMEDO *et al.*, 2019).

Assim a grande dificuldade está no fato de que cada agência de classificação ESG usa sua própria metodologia de avaliação de sustentabilidade corporativa. As diversas metodologias por elas utilizadas parecem estar associadas a uma estratégia de diferenciação (SAADAOUI; SOOBAROYEN, 2018; CHRISTENSEN *et al.*, 2022), a fatores culturais (de cada país) e ideológicos (SANDBERG, 2009).

Na visão de Chatterji *et al.* (2016) os dados ESG têm o potencial de fornecer transparência ao mercado e uma lente única para avaliar o desempenho futuro da empresa e do investimento. Porém os autores também reconhecem que existe uma divergência entre as diferentes classificações dentre as empresas que avaliam questões ESG. Eles reforçam que a mesma empresa é avaliada e classificada de forma diferente.

No estudo de Dimson *et al.* (2022), há evidências de que a heterogeneidade nos critérios de classificação pode levar as agências a terem opiniões opostas sobre as mesmas empresas avaliadas e que a concordância entre esses provedores é substancialmente baixa.

As diferenças encontram-se nos índices dos relatórios fornecidos pelas agências de classificação independentes que avaliam e compilam informações sobre as empresas e os mercados, mas não há uma padronização das classificações realizadas pelas agências, como pode ser observado na figura abaixo.

Figura 2: Classificações ESG da empresa Tesla pelas agências Sustainalytics, MSCI e ISS Score

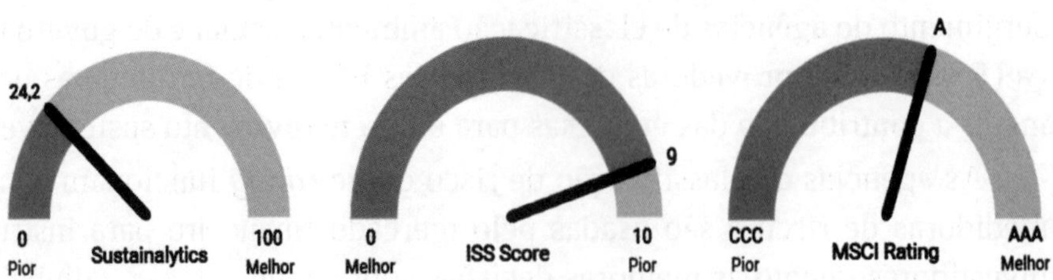

Fonte: XP (2022).

Hoje são mais de 1.500 ações de ESG que desempenham um papel essencial para permitir que os investidores identifiquem oportunidades de investimentos sustentáveis e avaliem o desempenho das empresas (GÄRLIN; JANSSON, 2021).

Porém, a proliferação dessas agências de classificação de risco e a diversidade de suas metodologias de avaliação têm imposto vários desafios a serem vencidos:

1. Falta de transparência: as agências de classificação ESG não oferecem informações completas e públicas sobre os critérios e o processo de avaliação por elas desenvolvida para avaliar o desempenho da sustentabilidade corporativa. Isso torna difícil entender o que as agências de classificação ESG estão medindo e fazer comparações entre elas (ESCRIG-OLMEDO, 2010; SCALET; KELLY, 2010; SAADAOUI; SOOBAROYEN, 2018; CHATTERJI; LEVINE, 2006).
2. Comensurabilidade: as agências de classificação ESG podem medir o mesmo conceito de maneiras diferentes. Portanto, se as avaliações das classificações ESG não forem consistentes ou se há evidências de baixa comparabilidade, os benefícios da responsabilidade social corporativa (RSC) não podem ser verificados (CHATTERJI, 2016).
3. *Trade-offs* entre critérios: as metodologias de classificação ESG podem compensar pontuações mais altas em uma agência com pontuações muito baixas em outra (WINDOLPH, 2011; ESCRIG-OLMEDO, 2014).
4. Ausência de pontuação geral: a maioria das agências de classificação ESG fornece índices ambientais, sociais e de governança para cada agência, mas não fornece uma pontuação geral padrão do desempenho de sustentabilidade corporativa (LIERN; PÉREZ-GLADISH, 2018).
5. Preferências das partes interessadas: as agências de classificação ESG não atendem as expectativas dos diferentes *stakeholders* em seus processos de avaliação, o que esbarra em aceitação e utilidade (WINDOLPH, 2011; ESCRIG-OLMEDO *et al.*, 2017).

Essas deficiências comparativas recomendam cautela na interpretação dos resultados entre as agências de classificação ESG, que são muitas. Estima-se que apenas três agências concentrem 95% do mercado de análise de risco no mundo. São elas: Moody's, Fitch e Standard & Poor's (CNN BRASIL, 2021).

Para que haja uma harmonização no processo de medição ESG, parece importante que os órgãos reguladores contribuam na utilização de medidas padrão e comuns de sustentabilidade para avaliar a exposição ao risco atual e futuro.

Essa padronização pode gerar vantagem competitiva sustentável, alavancar o crescimento das receitas e das sobras, gerar eficiência e redução de custos e faz com que as empresas cooperativas e não cooperativas busquem investir continuamente em tecnologias e produtos inovadores (DAVILA; EPSTEIN; SHELTON, 2007; HASHI & STOJIC, 2013; BERGER; BRIEL; DAVIDSSON; KUCKERTZ, 2019; PODSHIVALOVA; ALMRSHED, 2021). Por isso, o tema relevante a seguir é inovação.

1.2.5. ESG E INOVAÇÃO

O estudo de Broadstock *et al.* (2021a) apoia o processo de criação indireta de valor, por meio da adoção de políticas de responsabilidade social corporativa (RSC) e consequentemente aumenta a capacidade de buscar inovação e acaba agindo positivamente na criação de valor e melhorando o desempenho financeiro e operacional.

Também, a pesquisa de Dicuonzo (2022) mostra que existe uma relação positiva e significativa entre as práticas ESG e a inovação. Organizações que investem mais em PDI (Pesquisa, Desenvolvimento e Inovação) e patentes têm melhor desempenho ESG. Sendo assim, o estudo fornece evidências empíricas a respeito da capacidade da inovação ser uma ferramenta valiosa para o desenvolvimento sustentável por meio de investimento em PDI e desenvolvimento de patentes.

Após estabelecidos alguns pontos importantes, a seguir serão tratadas as dimensões ESG.

1.2.6. DIMENSÕES ESG

As responsabilidades ambientais (E), sociais (S) e de governança (G) atuam como um conjunto de capacidades que constituem um novo fator competitivo do mundo moderno, atuando no interesse dos *stakeholders* e assim garantindo um bom desempenho econômico (E) (TALIENTO *et al.*, 2019).

A sigla ESG tem estado ainda mais no centro das atenções especialmente após a COVID-19 (BROADSTOCK *et al.*, 2021b; DÍAZ; IBRUSHI; ZHAO, 2021), não só porque a pandemia afetou profundamente a capacidade de produzir, distribuir, consumir bens e serviços, mas também porque acrescentou ainda mais complexidade ao desafio de lidar com interações dos limites planetários e a escassez de recursos.

As políticas baseadas em ESG não devem ser vistas como uma consequência natural de um processo "ganha-ganha", mas como consequência de uma decisão consciente, cuja implementação pode levar a lucros menos expressivos no curto prazo. Não há nada de errado em aceitar arcar com custos mais altos de produção e governança, se isso significar materialização de prioridades – que podem refletir na busca de um conjunto mais amplo de objetivos, ou seja, em políticas efetivas (MONTEIRO *et al.*, 2021) que possam levar a um melhor resultado a longo prazo.

Environmental (E) ou Dimensão Ambiental (A)

A dimensão ambiental diz respeito às práticas da cooperativa nos quesitos gestão ambiental, impactos ao meio ambiente, eficiência energética, uso da água, biodiversidade, gestão de resíduos, emissões de gases na atmosfera, políticas ambientais, legislação, educação e sustentabilidade, visando o bem-estar financeiro e a sobrevivência em longo prazo.

Com o passar do tempo, os investidores e as partes interessadas vêm desenvolvendo interesse nas pontuações ESG para que possam tomar decisões de longo prazo de forma mais assertiva nas organizações (BALLUCHI *et al.*, 2021).

Por esse motivo, a análise dos indicadores se tornou fundamental e os autores Escrig-Olmedo *et al.* (2019) entendendo essa relevância fizeram um comparativo entre os indicadores ambientais utilizados nas principais agências de avaliação de risco em 2008 e em 2018. Eles perceberam que em 2008, os critérios de análise mais utilizados foram política/gestão ambiental (100%), emissões (62,5%) e mudança de clima (50%). Enquanto em 2018, os principais critérios analisados foram política e gestão ambiental (87,5%), uso e gestão da água (87,5%) e proteção da biodiversidade (87,5%). Além disso, em 2018 foram incorporados ao processo de avaliação das agências em ESG os seguintes aspectos: mudanças climáticas (75%), emissões (75%) e gestão/redução de resíduos (75%). Os resultados comprovam que houve maior interesse pelas preocupações ambientais em 2018, do que em 2008.

O interesse no combate às mudanças climáticas e na mitigação das emissões de gases de efeito estufa reflete o acordo firmado na 21ª Conferência das Partes (COP21), em Paris (2015), confirmando o forte impacto na avaliação do desempenho da sustentabilidade corporativa (ESCRIG--OLMEDO *et al.*, 2019).

Após esse levantamento, resultado da Conferência das Partes, Escrig-Olmedo *et al.* (2019) incrementaram os seguintes indicadores ambientais em sua pesquisa:

- Consumo de energia renovável
- Redução de gestão de resíduos
- Embalagens
- Ecodesign
- Ecoeficiência
- Materiais reciclados e reutilizados
- Mudanças climáticas
- Controle de impactos ambientais
- Emissões de carbono
- Resíduos perigosos
- Gestão de riscos ambientais
- Gestão de política ambiental
- Gestão de poluição
- Uso e gestão de água
- Relatórios ambientais
- Proteção da biodiversidade
- Abastecimento de matérias-primas
- Impacto em viagens e transportes
- Critérios específicos do setor

O primeiro aspecto da pesquisa de Escrig-Olmedo *et al.* (2019) refere-se ao consumo de energia renovável e o setor agropecuário é importante produtor de insumos energéticos renováveis, como cana de açúcar, soja, milho, girassol, algodão, amendoim, biomassa, lenha, carvão vegetal e a participação destas fontes energéticas agrícolas na matriz energética brasileira é significativa. Fora a produção, a agricultura utiliza energia para desenvolver as atividades de cultivo, reflorestamento e criação de animais.

Portanto, a agricultura é o ator principal na produção de plantações de energia e florestas, mas está em dissonância com os princípios de sustentabilidade quando utiliza em sua matriz energética, combustíveis não renováveis em percentual superior às energias de fontes renováveis. Energia renovável é aquela que vem de recursos que são naturalmente reabastecidos, como sol, vento, chuva, mares e energia geotérmica (ANDRADE et al., 2018).

O Brasil é o país que tem a matriz energética com maior participação de fontes renováveis do planeta, o que possibilita à economia, produzir alimentos com menor geração de gases do efeito estufa do que os outros países (ANDRADE *et al.*, 2018). Para se ter uma ideia, a produção de energia elétrica de origem renovável no Brasil é três vezes superior à mundial, conforme a Agência Brasil (2022).

A crescente necessidade por energia acompanha o aumento populacional e acelera o esgotamento dos combustíveis fósseis. Para garantir um futuro sustentável, fontes de energia renovável devem ser usadas em todo o mundo para garantir o futuro das próximas gerações. O consumo excessivo dos recursos disponíveis tem poluído o meio ambiente e alterado os padrões climáticos. O esgotamento dos combustíveis fósseis se dará em breve e as mudanças climáticas levam os países a utilizarem fontes de energia renovável. O uso de energia renovável é a ferramenta mais eficaz no combate às mudanças climáticas (YILDIRIM; EVEREST, 2022).

O estudo de Yildirim e Everest (2022) realizado no oeste da Turquia, na província de Çanakkale, revelou que os gerentes das cooperativas agrícolas desejam investir principalmente em energia solar e eólica. Eles estão dispostos a investir em energia renovável, como biogás, devido às altas contas de eletricidade, mas o investimento financeiro continua sendo um obstáculo (YILDIRIM; EVEREST, 2022). Um exemplo disto são os produtores de leite que apesar das grandes quantidades de resíduos gerados pelos animais que poderiam alimentar os biodigestores para a produção de energia, muitos produtores não dispõem de recursos financeiros para investir na construção da matriz energética de biogás na propriedade. Para verificar se o investimento na matriz de biogás vale a pena na propriedade, deve-se realizar uma avaliação técnica e econômica (KRUG, 2021).

Em outros casos, os produtores não têm conhecimento de que é possível transformar resíduos de animais em biogás e que os resíduos resultantes podem ser usados como fertilizantes ecológicos. Por isso, se faz necessária assistência técnica no processo de produção de biogás, treinamento, auxílio para os investimentos (YILDIRIM; EVEREST, 2022) e acesso ao crédito (KRUG, 2021).

Em nível global, o interesse no uso de resíduos dos animais aumentou, devido ao duplo benefício da digestão anaeróbica, tanto na destinação dos resíduos orgânicos, quanto na geração de energia. Esse tipo de energia está classificada como uma das melhores opções de energia renovável. Entretanto, o desafio é o mesmo em qualquer lugar do mundo, o que limita a aceitação e a adoção dessa tecnologia (biogás) é a viabilidade econômica da digestão anaeróbia em pequena, média e larga escala (ROOPNARAIN *et al.*, 2021).

Após abordar a produção de energia a partir de resíduos de animais e da produção resultante da atividade agrícola, é necessário discorrer também sobre o plástico, produto muito utilizado nos processos produtivos, pois utilizam embalagens com insumos para a produção, copos, pratos, talheres e outros materiais descartáveis. A produção global de plásticos continua a aumentar a um ritmo exponencial e as projeções globais mostram que a geração de resíduos plásticos aumentará em 70% até 2050. Os resíduos plásticos se conectam a todos os processos sociais, especialmente no contexto de urbanização; desenvolvimento e planejamento urbano; ordenamento do território; migração rural-urbana; população crescente; aumento do consumo das alterações climáticas que levam a um aumento das emissões de GEE (Gases de Efeito Estufa) (CONLON, 2021).

Dentre os resíduos plásticos, recentemente se descobriu que as embalagens são a principal causa de poluição. O consumo de embalagens utilizadas pela população é um dos parâmetros para verificar o nível de atividade econômica e desenvolvimento de um país (MESTRINER, 2004). Um bom desenvolvimento deve associar a utilização responsável dos recursos naturais disponíveis, com as expectativas econômicas, gerando benefícios para a população (SILVA; MENDES, 2005), a fim de que o país possa se desenvolver de maneira sustentável.

Utilizar embalagens sustentáveis é uma boa prática e uma forma de reduzir o dano causado pelo descarte. Para uma embalagem ser considerada sustentável, ela deve preencher três requisitos (LANDIM, 2016):

- Ser feita de material orgânico e/ou reciclável e/ou biodegradável;
- Ter sido produzida com uso reduzido de energia e recursos naturais;
- Causar mínimo impacto ambiental após o descarte, que pode ser medido por meio da Avaliação de Ciclo de Vida (ACV) dos produtos.

Também é importante discorrer sobre a mudança do clima que pode afetar a produção agropecuária e trazer consequências negativas e imprevisíveis para o setor, por diversos motivos, como o aumento na concentração de CO^2; aumento da temperatura do ar, da água dos oceanos e do solo; e pelo aumento de secas e chuvas torrenciais (extremos pluviométricos). Como consequência geral, a mudança do clima poderá ser tão intensa nas próximas décadas a ponto de mudar a geografia da produção agrícola no Brasil e no mundo. Assim, municípios que hoje são grandes produtores poderiam deixar de ser (EMBRAPA, 2022). Portanto, pode-se afirmar que existe uma sensível ligação entre as condições climáticas, a viabilidade da produção agropecuária e destas com as concentrações atmosféricas de GEE (EMBRAPA, 2022).

Estratégias relevantes para a redução da emissão dos GEE consistem em: reduzir a queima de combustíveis não renováveis ou fósseis (petróleo, carvão mineral, gás natural), minimizar o desmatamento e as queimadas, realizar o manejo adequado do solo e estratégias de maximização das remoções de CO^2, popularmente chamadas de "Sequestro de Carbono" (EMBRAPA, 2022).

No sequestro de carbono, o CO^2 é capturado na atmosfera pelas plantas verdes e é transformado em composto orgânico por meio da fotossíntese. O gás carbônico que reage com a água nas plantas verdes e em presença de luz, vira um composto orgânico em estado sólido, contendo carbono em sua composição e liberando assim, oxigênio para a atmosfera (EMBRAPA, 2022).

As atividades humanas, intensificadas a partir da Revolução Industrial e que se prolongam até hoje, geram inúmeras fontes de emissão dos GEE decorrentes da queima de combustíveis fósseis (que podem ser substituídos por energia solar, eólica e outras), do desmatamento, da drenagem de pântanos, das queimadas, do uso intensivo do solo, e outros (EMBRAPA, 2022).

Como resultado de ações não sustentáveis que atingem diretamente a mudança climática global, a Organização Mundial de Meteorologia (OMM) e o Programa das Nações Unidas para o Meio Ambiente (PNUMA) estabeleceram, em 1988, o Painel Intergovernamental sobre Mudanças Climáticas (IPCC) para definir estratégias e coibir ações insustentáveis.

Nos últimos séculos, a temperatura média da superfície da Terra já aumentou cerca de 0,8ºC e a projeção é de um aumento entre 1,4ºC a 5,8ºC nos próximos 100 anos, conforme foi descrito no "Quarto Relatório de Avaliação do IPCC", em 2007 (EMBRAPA, 2022).

Em 2015, durante a 21ª Conferência das Nações Unidas sobre as Mudanças Climáticas (COP 21), foi firmado o Acordo de Paris entre 195 países com meta de redução da emissão dos gases do efeito estufa que entrou em vigor em 2016. O Brasil se comprometeu a reduzir suas emissões de GEE em até 37% (comparados aos níveis emitidos em 2005) até 2025, estendendo essa meta para 43% até 2030 (WWF, 2020).

E para atingir esses percentuais, as principais metas do governo brasileiro são (WWF, 2020; ANDRADE *et al.*, 2018):

- Aumentar o uso de fontes alternativas de energia;
- Alcançar uma participação estimada de 45% de energias renováveis na composição da matriz energética até 2030;
- Aumentar a participação de bioenergias sustentáveis na matriz energética brasileira para 18% até 2030;
- Utilizar tecnologias limpas nas indústrias;
- Melhorar a infraestrutura dos transportes;

- Diminuir o desmatamento;
- Restaurar e reflorestar até 12 milhões de hectares de florestas.

E, de acordo com o último relatório do IPCC de 2022, o aquecimento acima de 1,5°C resultará em impactos adicionais severos, alguns dos quais irreversíveis. As ações de adaptação aumentaram, mas o progresso caminha em passos desiguais, as pessoas não estão se adaptando rápido o suficiente e faltam ações para evitar o aquecimento. Conforme o relatório, as emissões médias anuais de GEE durante as últimas duas décadas foram as mais altas da história da humanidade (IPCC, 2022).

O aumento da temperatura pode provocar no Brasil, de modo geral, uma diminuição de regiões aptas para o cultivo dos grãos. Com exceção da cana-de-açúcar e da mandioca, todas as demais culturas sofreriam queda e por consequência refletiria no valor da produção, podendo gerar perdas nas safras de grãos que pode subir para R$ 14 bilhões em 2070 (ASSAD, 2008).

Uma das ações que pode ser adotada pela agricultura para conter o aumento da temperatura é o sequestro de carborno. A agricultura brasileira é responsável pela produção de carbono, principalmente pelo fato de utilizar óleo diesel em grande escala na sua matriz energética (ANDRADE *et al.*, 2018).

A agricultura ajuda no sequestro de carbono, pois conta com ferramentas capazes de reduzir as emissões de GEE que ela mesma produz, dentre as quais destacam-se a utilização do Sistema Plantio Direto (SPD) (em substituição ao plantio convencional), o florestamento e o reflorestamento, a recuperação de pastagens degradadas, a integração da lavoura-pecuária-floresta, a utilização da fixação biológica do nitrogênio em substituição ao fertilizante nitrogenado mineral, a utilização dos dejetos dos animais e da produção nos biodigestores, entre outros (CANAL RURAL, 2020).

Além da propriedade rural, uma organização ou um país também pode reduzir suas emissões a níveis inferiores ao estabelecido, e para isso recebe créditos que podem ser vendidos para os que poluíram mais que a meta estabelecida no Acordo de Paris. A comercialização de uma tonelada de carbono corresponde a um crédito. O crédito de carbono é considerado *commodity* e pode ser negociado nos mercados financeiros nacionais e internacionais (ROCHA, 2011).

Os certificados do carbono são emitidos pelas agências de proteção ambiental reguladoras que selecionam as indústrias que mais poluem no país e a partir daí, estabelecem metas para a redução de suas emissões. No Brasil, a Comissão Interministerial de Mudança Global do Clima é a autoridade responsável por regular os projetos de Mecanismo de Desenvolvimento Limpo (MDL) (ROCHA, 2011).

Para que o projeto de uma organização receba créditos de carbono, ele deve ser apresentado a autoridade local que avalia a metodologia proposta e caso seja aprovado, o projeto é encaminhado a UNFCCC (*United Nations Framework Convention on Climate Change*), entidade responsável por registrar todos os projetos do MDL do mundo, sendo esses projetos desenvolvidos de forma sustentável a fim de facilitar que as metas sejam atingidas. Além disso, os auditores independentes creditados pela ONU conferem se as reduções das emissões estão efetivamente ocorrendo. Esse mercado já é uma realidade mundial e muito tem contribuído na implantação de projetos do MDL, já que ele serve de incentivo ao desenvolvimento dessas iniciativas (ROCHA, 2011).

Outra ação que pode ser adotada pela agricultura para conter o aumento da temperatura é a proteção e a gestão sustentável das florestas. As florestas influenciam na qualidade de vida e na biodiversidade por meio de interações com outros componentes do meio ambiente (atmosfera, sistemas aquáticos e terras agrícolas).

Esforços mundiais para combater as mudanças climáticas exigem inovações para o meio ambiente. Inovação ambiental pode incluir: inovações nos produtos que as empresas oferecem (por exemplo, a utilização de embalagens amigas do ambiente), nos processos de produção (por exemplo, mais uso de energia renovável) e/ou no modelo de negócios (por exemplo, programas voltados para a reciclagem). No entanto, a inovação ambiental exige planejamento e compromissos de longo prazo. As incertezas nas políticas governamentais e regulatórias podem afetar negativamente o planejamento e os investimentos para inovar. Portanto, as incertezas na política governamental podem influenciar a inovação ambiental nas organizações (KYAW, 2022).

O estudo de Kyaw (2022) mostra que a incerteza política, de fato, tem um efeito persistente e negativo na inovação ambiental das organizações. O estudo é válido para países em desenvolvimento e emergentes.

Os resultados chamam a atenção de governos e reguladores de todo o mundo: a incerteza nas políticas e regulamentações é prejudicial ao combate às mudanças climáticas e à promoção da sustentabilidade ambiental.

Além da inovação, outras medidas vêm sendo incorporadas junto às cooperativas e empresas não cooperativas. No estudo de caso da pesquisa de Machado *et al.* (2022) sobre as práticas adotadas, segundo padrões ESG, os autores encontraram as seguintes práticas:

- Tratamento de efluentes com a devolução da água tratada para o solo
- Utilização de energia solar
- Redução de CO^2 e o uso de água, energia e químicos no limite máximo possível
- Recolhimento das garrafas retornáveis
- Diminuição da produção de resíduos de toda natureza
- Educação sobre o consumo consciente

A falta de cuidado com a água, o solo e o ar, geram danos ambientais que prejudicam a saúde pública. Essa condição mostra que é preciso haver um avanço na forma de inovar, principalmente em termos de tecnologia para prevenção e controle dos danos ambientais e sociais (TONG, Y.; NENGMIN, 2009), que reflete na gestão e na governança, bem como no crescimento econômico da organização.

Para alcançar uma situação de ganho mútuo entre crescimento econômico e proteção ambiental, as organizações estão sendo incentivadas a realizar inovação em tecnologia verde, mas devido aos riscos e incertezas inerentes, o governo está fornecendo subsídios à pesquisa, ao desenvolvimento e à inovação (PDI), enquanto, ao mesmo tempo, vem sendo implementadas regulamentações ambientais.

A inovação ambiental pode permitir que as organizações implementem modelos de produção com menos impacto, garantindo vantagem competitiva (KEMP; PEARSON, 2007), ao estimular novos produtos, processos de produção, serviço, método de gestão, governança ou mudanças tecnológicas que respeitem o meio ambiente.

Quanto aos projetos em educação ambiental, nos sites e revistas se encontram inúmeros exemplos de iniciativas cooperativistas em todo o país em prol do desenvolvimento sustentável, como por exemplo: trabalhar pela recuperação de nascentes e matas, com o intuito de evitar a erosão do solo e problemas consequentes desse processo; investimento em agroenergia, com a inserção no mercado de produção de biodiesel; projetos de Mecanismo de Desenvolvimento Limpo (MDL), com a comercialização de créditos de carbono; ações de educação ambiental junto a cooperados, empregados, familiares e comunidades (OCB/MS, 2010).

Algumas dessas ações estão registradas nos relatórios de sustentabilidade. As cooperativas desempenham um papel importante no sentido de desenvolverem a comunidade por meio de várias ações, como redução da pobreza, promoção da igualdade de gênero, igualdade de oportunidades e acesso a educação, saúde e bem-estar, segurança alimentar, acesso à água potável, emprego, energia e gestão sustentáveis dos recursos naturais para o futuro, além de contribuir significativamente para o crescimento e desenvolvimento sustentável (ICA 2015). Os valores cooperativos (como transparência e confiança) são a principal motivação para a publicação dos relatórios de sustentabilidade em uma cooperativa (SEGUÍ-MAS *et al.*, 2016).

Social (S) ou Dimensão Social (S)

Essa dimensão está relacionada a forma com que a cooperativa lida com as pessoas, comunidade em seu entorno, diversidade da equipe, engajamento de colaboradores, respeito à legislação vigente, proteção de dados e privacidade dos clientes.

Estudos apontam que o envolvimento corporativo em práticas socialmente responsáveis pode influenciar a dimensão ambiental e de governança, pois contribui para melhorar a eficácia e a qualidade da divulgação das ações ambientais e reduzir assimetrias de informações (FATEMI *et al.*, 2017; WELLALAGE *et al.*, 2019).

As organizações com ações irresponsáveis em relação à sociedade e ao meio ambiente são pressionadas por agentes reguladores, assim podem ter custos adicionais com penalidades e prejuízos à sua imagem.

Uma boa prática relacionada à dimensão social é a diversidade de gênero. Adams e Ferreira (2009) constaram que existindo essa condição na formação dos conselhos, melhora o compromisso, uma vez que as diretoras mulheres têm melhores registros de assiduidade em comparação aos diretores homens. Já os diretores do sexo masculino têm menos problemas de assiduidade, quando mais mulheres estão no conselho.

A existência da diversidade contribui para uma cultura organizacional mais fluída, acarretando melhor resultado para os negócios. Organizações que investem na pluralidade têm maiores chances de tomar decisões assertivas, além de potencializar a inovação (YOSHIDA *et al.*, 2021).

Além de boa prática a diversidade de gênero para a composição do conselho (THRIKAWALA *et al.*, 2013), também é boa prática, a qualificação dos membros (OCB, 2015).

Ainda se percebe uma quantidade menor de mulheres do que homens na composição dos conselhos. Isso está demonstrado na pesquisa de Arayssi *et al.* (2020), que identificou a escassa presença de diretoras no Conselho de Cooperação do Golfo. Entretanto, quando existente a presença feminina impacta e melhora positivamente o nível de divulgação de ações ESG. Esse estudo teve como foco as empresas de capital aberto por um período de 10 anos e mostrou que tanto os conselhos de administração independentes, quanto a participação das mulheres, servem como catalisadores para alcançar equilíbrio efetivo entre as metas financeiras das organizações e as responsabilidades sociais.

Na literatura encontra-se como sinônimo de ESG e sustentabilidade a Responsabilidade Social Corporativa (RSC), como foi identificado no estudo de Fassin *et al.* (2015). Os autores definem a RSC como "um conceito pelo qual as organizações decidem voluntariamente contribuir para a conquista de uma sociedade melhor e um ambiente mais limpo". Além disso, ser socialmente responsável não significa apenas cumprir obrigações legais, mas ir além, ou seja, investir mais no meio ambiente, divulgar essas informações e estabelecer ações de gestão e governança corporativa.

Karim *et al.* (2016) estudaram o efeito da responsabilidade social na qualidade das informações divulgadas nos relatórios anuais das organizações e constataram que existe uma relação positiva entre o nível de divulgação e a responsabilidade social. Eles concluíram que a divulgação é uma forma de comportamento socialmente responsável.

Outro ponto que diz respeito a dimensão social, refere-se a obrigações legais, a legislação trabalhista. Quanto ao trabalho realizado por adolescentes, o TST (Tribunal Superior do Trabalho) (2016) estabeleceu como permitido, desde que com idade superior aos 16 anos de idade ou na condição de aprendiz cooperativo, a partir dos 14 anos de idade.

A pesquisa de Escrig-Olmedo *et al.* (2019) buscou identificar os indicadores sociais utilizados nas agências de risco de crédito em um período de dez anos. Em 2008 os indicadores sociais das agências tinham foco no desenvolvimento do capital humano, direitos humanos e relações com a comunidade. Já em 2018, o foco era o gerenciamento do trabalho, direitos humanos, condições de trabalho de qualidade, segurança e saúde. Assim, os indicadores sociais pautados na pesquisa dos autores foram os seguintes:

- Comportamento empresarial
- Relações comunitárias
- Cidadania corporativa/filantropia
- Gestão de relacionamento com o cliente
- Responsabilidade pelo cliente e produto
- Diversidade
- Desenvolvimento e treinamento de capital humano
- Direitos humanos
- Gestão do trabalho
- Fornecedores locais
- Ética de mercado
- Não discriminação, promoção da igualdade
- Privacidade e segurança de dados
- Proteção de crianças
- Exclusão do trabalho infantil
- Qualidade das condições de trabalho
- Respeito aos sindicatos
- Investimento responsável
- Direitos dos povos indígenas
- Relatórios sociais
- Engajamento das partes interessadas
- Gestão da cadeia de abastecimento
- Atração/retenção de talentos
- Equilíbrio trabalho e vida
- Critérios específicos de cada setor

Já no estudo de caso realizado por Machado *et al.* (2022), na região sul do Brasil, as autoras analisaram as práticas ambientais, sociais e de governança corporativa adotadas para um modelo de gestão sustentável. As práticas sociais encontradas segundo os padrões ESG foram: segurança no trabalho, mentorias de liderança, fomento de novos parceiros/fornecedores, análise dos profissionais sem foto nos currículos, doação de álcool gel durante a pandemia, livre acesso aos gestores para críticas e sugestões, pesquisas de clima organizacional e programas de igualdade de gênero.

Percebe-se a diversidade de indicadores sociais que vêm sendo utilizados nas diferentes organizações. Alguns deles foram utilizados nesta pesquisa. A seguir, será tratado sobre a outra dimensão do tripé ESG.

Governance ou Dimensão Governança

A governança é entendida como a capacidade de monitorar e avaliar como outro grupo ou organização está administrando os recursos e as informações, além de verificar como está sendo levado em conta seus interesses e suas expectativas. Em outras palavras, a governança é o caminho pelo qual um grupo se assegura que terá retorno sobre as expectativas e os investimentos (PINTO; REISDORFER, 2015).

O Instituto Brasileiro de Governança Corporativa (IBGC) (2015, p. 20) entende que governança corporativa "é o sistema pelo qual as organizações são dirigidas, monitoradas e incentivadas, envolvendo os relacionamentos entre sócios, conselho de administração, diretoria, órgãos de fiscalização, controle e demais partes interessadas. As boas práticas de governança corporativa convertem princípios básicos em recomendações objetivas, alinhando interesses com a finalidade de preservar e otimizar o valor econômico de longo prazo da organização, facilitando seu acesso a recursos e contribuindo para a qualidade da gestão da organização, sua longevidade e o bem comum".

Já a Organização das Cooperativas Brasileiras (OCB) (2015, p. 7) estabelece a governança cooperativa como o modelo de direção estratégica, fundamentado nos valores e princípios cooperativistas, que estabelece práticas éticas visando garantir a consecução dos objetivos sociais e assegurar a gestão da cooperativa de modo sustentável em consonância com os interesses dos cooperados.

Sendo assim, as boas práticas são exigidas e perseguidas pela sociedade, pois passaram a representar vantagem competitiva em um contexto de mercado, bem como de desenvolvimento em um contexto social (PINTO; REISDORFER, 2015).

Após estabelecidos os conceitos, serão identificados os princípios, tanto da governança corporativa, quanto da governança cooperativa.

Princípios da Governança Corporativa e da Governança Cooperativa

A governança corporativa está baseada em quatro princípios de boas práticas. Sua adequada adoção resulta em um clima de confiança, tanto interno, quanto nas relações com terceiros. São eles (IBGC, 2015):

- **Transparência:** visa facilitar voluntariamente o acesso aos interessados quanto as informações, além das exigidas por dispositivos legais, criando um ambiente de relacionamento confiável e seguro.
- **Equidade:** é o tratamento dado a todos os cooperados com igualdade e equidade em suas relações com a cooperativa e nas relações da cooperativa com as demais partes interessadas.
- **Prestação de contas:** os agentes de governança devem prestar contas de sua atuação de modo claro, conciso, compreensível e tempestivo, assumindo integralmente as consequências de seus atos, omissões e atuando com diligência e responsabilidade no âmbito dos seus papéis.
- **Responsabilidade corporativa:** os agentes de governança devem estar atentos, em seu plano de negócio, aos aspectos econômicos, intelectuais, sociais, ambientais e de governança. Essa atenção se dá a curto, médio e longo prazo.

Os princípios da governança cooperativa, conforme a OCB (2015) são:

- **Autogestão:** é o processo pelo qual os cooperados são responsáveis pela direção e prestação de contas da cooperativa. Os agentes da governança (cooperados, assembleia geral, conselho de administração, conselho fiscal, conselho consultivo, comitês técnicos, auditoria independente, gestão executiva) respondem pelas consequências de seus atos e omissões.

- **Senso de Justiça:** é o tratamento dado a todos os cooperados com igualdade e equidade em suas relações com a cooperativa e nas relações da cooperativa com as demais partes interessadas. Todos os sócios e partes interessadas (*stakeholders*) têm tratamento igual, levando em consideração seus direitos, deveres, necessidades, interesses e expectativas.
- **Transparência:** visa facilitar voluntariamente o acesso dos interessados às informações, além das exigidas por dispositivos legais, criando um ambiente de relacionamento confiável e seguro. A cooperativa disponibiliza para as partes interessadas as informações que sejam de seu interesse e não apenas aquelas impostas por disposições de leis ou regulamentos.
- **Educação:** investir no desenvolvimento do quadro social, visando formar lideranças que tragam em seus conhecimentos de gestão e administração, a essência da identidade cooperativa e esta investe no desenvolvimento do quadro social.
- **Sustentabilidade:** significa buscar a gestão ética nas relações internas e externas para geração e manutenção de valor a todas as partes interessadas, visando a perenidade da cooperativa. As cooperativas objetivam uma gestão ética na relação com todos os *stakeholders* (partes interessadas).

Posterior aos princípios da governança corporativa e cooperativa é importante discorrer sobre a direção estratégica, que está diretamente relacionada.

Direção estratégica

No grupo da direção estratégica, encontram-se os sócios (assembleia), CEOs, diretores, conselheiros, comitês e auditores. A notoriedade que o ESG vem ganhando, faz com que as organizações prestem mais atenção na composição de seus conselhos de administração. A diversidade vai se tornando essencial para a produtividade corporativa, *performance* e engajamento. Times diversos têm melhor desempenho e resolvem melhor temas complexos (YOSHIDA *et al.*, 2021).

Boehe e Cruz (2013) concluíram que não é somente nos conselhos, mas a presença de CEOs do sexo feminino contribui para toda a organização e está ligada a uma melhoria geral no desempenho da organização.

Também é considerada como uma boa prática, que o Conselho de Administração mantenha um planejamento de sucessão atualizado, contemplando (OCB, 2015):

- Conselheiros: fomentar e implementar política de capacitação e desenvolvimento de novas lideranças para substituição dos membros dos Conselhos e da Diretoria;
- Executivos: desenvolver políticas evolutivas de sucessão.

Em face à necessidade de aperfeiçoar seu desempenho e atuar com um enfoque de longo prazo, é indispensável que o conselheiro também busque aprimoramento constante das suas competências. Recomenda-se uma avaliação formal do desempenho do Conselho, individualmente de cada um dos conselheiros e do presidente (OCB, 2015).

A presença de conselheiros qualificados está empiricamente ligada a melhorias de desempenho (CMEF, 2012). Esses executivos devem ter formação, conhecimento e vivência no sistema cooperativo como forma de fortalecer a identidade cooperativa (OCB, 2015) e contribuir efetivamente.

Recomenda-se como boa prática de governança que o presidente do Conselho de Administração (função estratégica) não acumule o cargo de executivo principal/CEO/presidente (função executiva e gerencial) da cooperativa para evitar o conflito de agência (divergência de interesses entre acionistas e gestores) (IQBAL *et al.*, 2019). Ter dois profissionais para cada uma das atividades dá mais poder e liberdade na tomada de decisões. A mesma pessoa ocupando o cargo de Presidente do Conselho de Administração e de Executivo Principal pode ocasionar conflitos de interesses entre associados/proprietários e administração/gestão, o que em última análise, prejudicar e reduzir o desempenho da organização (GALEMA *et al.*, 2012).

Em outras palavras, considera-se boa prática a segregação entre propriedade e gestão, adotando um modelo de governança estruturado, conforme apresenta-se na figura que segue.

Figura 3: Estrutura de Governança Corporativa para Cooperativas

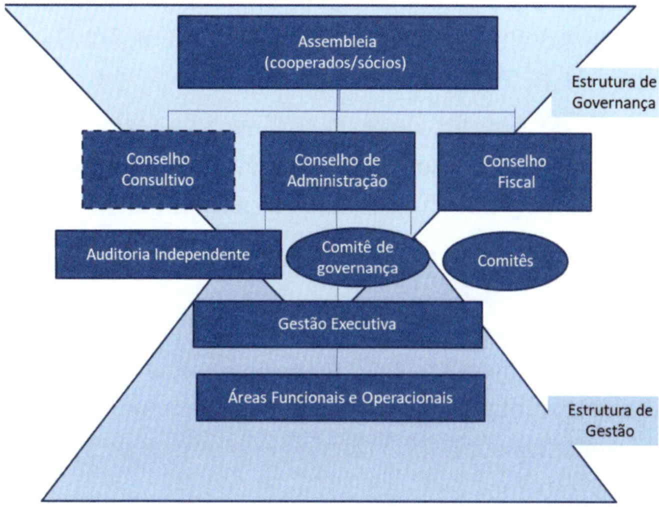

Fonte: Adaptado de IBGC, 2015.

Assim como o "Conselho de Administração" necessita de um presidente do conselho, a "Gestão Executiva" necessita de um executivo principal.

O executivo principal deve implantar sistemas de controles internos que organizem e monitorem o fluxo de informações corretas, reais e completas sobre o desempenho dos processos operacionais e financeiros, bem como informações que apresentem fatores de risco de não conformidade. A efetividade de tais sistemas devem ser revistas, no mínimo, anualmente (IBGC, 2015).

O executivo principal e demais executivos, devem instituir mecanismos para assegurar a implementação e manutenção de Códigos de Ética e de Conduta aprovados pelo Conselho de Administração. É boa prática a instalação, pelo Conselho de Administração, de Comitê de Ética com a responsabilidade de zelar pela ética e boa conduta, com emissão de pareceres para deliberação do Conselho de Administração, bem como demais Comitês (OCB, 2015).

Outra boa prática de governança é um orçamento específico para o Conselho de Administração, submetido à aprovação da Assembleia Geral, com rubricas como: remuneração do Conselho, dos comitês e da secretaria; cédulas de presença nas reuniões; ajuda de custo; deslocamento; hospedagem e alimentação; consultorias especializadas e honorários de profissionais externos; despesas de treinamento e desenvolvimento; viagens para representação da cooperativa; despesas da secretaria e eventos do Conselho de Administração; seguro de responsabilidade civil de administradores (OCB, 2015).

Além disso, o Conselho deve ter o direito de fazer consultas a profissionais externos (advogados, auditores, especialistas em impostos, em gestão e governança, recursos humanos e outros), pagos pela cooperativa, para obter os subsídios apropriados em matérias de relevância para apoio nas decisões (OCB, 2015).

O presidente do Conselho deve estabelecer um calendário anual de reuniões ordinárias e a convocação de reuniões extraordinárias, com periodicidade que garanta a efetividade dos trabalhos do Conselho. Deve ser evitada frequência superior à mensal, sob o risco de interferir indesejavelmente nos trabalhos da Gestão (OCB, 2015).

O manual de boas práticas também recomenda que os cooperados ocupantes do cargo de conselheiro busquem certificação específica, possuindo as seguintes qualificações: visão estratégica, sistêmica e de longo prazo; atenção à legislação; zelo pelos princípios e valores do cooperativismo e conhecimento das melhores práticas de governança cooperativa; capacidade de trabalho em equipe; capacidade de ler e entender relatórios gerenciais, contábeis e financeiros; entendimento do perfil de risco da cooperativa. Adicionalmente, é recomendável que tenha: capacidade de defender seu ponto de vista a partir de julgamento próprio; disponibilidade de tempo e motivação (OCB, 2015).

As cooperativas podem constituir um Conselho Consultivo estatutariamente, formado por conselheiros independentes ou externos, para melhorar gradualmente sua governança e para aconselhar-se sobre temas relevantes e assembleares (OCB, 2015).

Quanto à remuneração do Conselho, é recomendável vincular remuneração fixa e variável dos executivos a resultados, com metas de curto e principalmente, de longo prazo, de forma clara e objetiva, criando geração de valor econômico e social para a cooperativa e seus cooperados. A política de incentivos deve considerar mecanismos que mantenham as decisões, controles e fiscalizações em áreas não conflitantes, evitando que um gestor esteja envolvido na discussão e deliberação que inclua sua própria remuneração (OCB, 2015).

É recomendável que na composição do Conselho Fiscal predomine a capacidade técnica dos seus membros. A eficácia da atuação do Conselho Fiscal depende de sua independência e imparcialidade na realização dos trabalhos. É boa prática de governança que os membros do Conselho Fiscal não tenham negócios com a cooperativa, além daqueles realizados na condição de cooperados e que não sejam colaboradores de onde estejam prestando algum serviço ou disponibilizando algum produto (OCB, 2015).

Os comitês são organismos facultativos de assessoramento e suporte à tomada de decisão do Conselho de Administração em temas que requerem mais profundidade analítica. Os comitês técnicos devem ser compostos por, no mínimo, três membros, sendo ao menos um deles especialista no tópico em questão (OCB, 2015).

O comitê de auditoria deve ser instituído para avaliar a conformidade dos relatórios econômico-financeiros da administração, do sistema de controles internos, da gestão de riscos e do *compliance (*é o conjunto de procedimentos e regras que tem como objetivo manter a organização em linha com as normas vigentes, sejam elas legais ou internas), garantindo a efetividade da administração. O Comitê de Auditoria deve avaliar o cumprimento das recomendações feitas pela auditoria independente (OCB, 2015).

É recomendável que a composição do Comitê de Ética atenda aos pré-requisitos dos órgãos reguladores, se houver. O comitê de ética deve assegurar a instalação de canais apropriados para que os cooperados ou quaisquer outras partes interessadas possam encaminhar denúncias sobre situações que envolvam dilemas, conflitos de interesse e eventuais lacunas no código de ética e de conduta, aos regimentos da cooperativa, ao seu estatuto social e à legislação. O canal de denúncia pode ser disponibilizado de forma virtual ou impressa, sendo as manifestações preenchidas em formulário padrão e direcionadas ao presidente do Comitê para inserção na pauta das próximas reuniões (OCB, 2015).

Além disso, a existência de um comitê de sustentabilidade e um comitê de governança é estatisticamente significativo e positivamente relacionado com a pontuação ESG. Por isso, a formação de um comitê dedicado para projetar e supervisionar a estratégia social e ambiental da cooperativa é provável que aumente a conscientização das pessoas e promova a boa cidadania das organizações e a transparência nos relatórios (ARAYSSI *et al.*, 2020).

A auditoria interna deve atuar de modo proativo, na implantação de novos controles internos (CI); no levantamento, mapeamento e aperfeiçoamento dos CI existentes; nas normas, procedimentos e monitoramento em consonância com as melhores práticas inerentes à atividade. A auditoria interna é um importante agente na estrutura de Governança Cooperativa (OCB, 2015).

Toda cooperativa deve ter suas demonstrações financeiras auditadas por auditor externo independente, assegurando que elas reflitam a realidade da posição econômica e financeira da cooperativa. A auditoria independente deve revisar e avaliar os controles internos da cooperativa, registrando em relatório específico as recomendações sobre melhorias e aperfeiçoamento (OCB, 2015).

A ouvidoria é uma unidade vinculada ao Conselho de Administração ou ao representante legal da cooperativa. Sua missão é atuar no aprimoramento da estrutura e dos processos disponibilizados na cooperativa para atendimento aos cooperados e clientes. É recomendável que a ouvidoria evolua para acolher as manifestações dos cooperados, tais como elogios, sugestões, consultas e reclamações, de modo a tentar resolver conflitos que surjam no atendimento e subsidiar aperfeiçoamento dos processos de trabalho da cooperativa, buscando sanar eventuais deficiências ou falhas em seu funcionamento (OCB, 2015).

Após o aprofundamento sobre o tripé ESG, a seguir trata-se do aspecto econômico, pois a literatura pontua considerações sobre o tema.

1.2.7. ASPECTO ECONÔMICO

As cooperativas são organizações sem fins lucrativos, mas com finalidade econômica em benefício do associado. O aspecto econômico que compõe uma das partes do tripé da sustentabilidade (mais os aspectos ambiental e social) proporciona atenção a evolução do mercado e das finanças, com foco no meio ambiente e busca da manutenção de condições igualitárias para a sobrevivência da sociedade como um todo (CRUZ, 2018). Então, para ser considerada sustentável, uma organização deve apresentar as questões econômicas relacionadas às ambientais e às sociais, haja vista que ao se apresentar sustentável, automaticamente, promoverá melhorias sociais (ARAÚJO *et al.*, 2006).

Uma questão que vem ganhando espaço de discussão relaciona-se aos ganhos nas operações, pois as cooperativas podem obter maior eficiência em relação às não cooperativas (SOUZA *et al.*, 2011). Uma importante finalidade das cooperativas é colocar os produtos de seus cooperados no mercado consumidor em condições mais vantajosas do que se eles estivessem atuando de forma isolada. Como as cooperativas agrícolas concentram vários produtores, conseguem trabalhar em maior escala, o que lhe confere uma posição de maior poder de negociação no mercado (MARQUES; MELLO; MARTINES, 2006).

As cooperativas agrícolas conseguem atuar como compradoras em larga escala e de forma natural. Esse processo promove redução de custos e melhores resultados econômicos, pelo melhor poder de barganha (FAJARDO, 2006). A logística das cooperativas beneficia os cooperados com o transporte de fertilizantes, defensivos e demais insumos agrícolas; na armazenagem de insumos e produtos; e nos cuidados técnicos para o escoamento da produção. A cooperativa acaba assumindo o papel de facilitadora, minimizando o nível de despesas com logística para o cooperado (RIBEIRO, 1999; BENETTI, 2001).

Sendo assim, os resultados da dimensão econômica são consequência de ações positivas nas dimensões ambiental e social, bem como na eficiência da governança e das operações da cooperativa.

1.2.8. ESG E O COOPERATIVISMO

As cooperativas contemplam os princípios do ESG em seu DNA e apresentam uma série de iniciativas em prol da inovação sustentável. O modelo de negócio cooperativista está comprometido em sua origem e por meio de seus princípios com a promoção de um desenvolvimento alicerçado por bases sustentáveis que promovam o equilíbrio entre gestão social e econômica. Seu foco está orientado nas pessoas (e não no capital), na promoção de melhores condições de vida e renda dos seus associados e na valorização do meio ambiente, bem como no desenvolvimento local das comunidades onde estão inseridas.

No cooperativismo todos são sócios do negócio e partilham de seus resultados, positivos ou negativos, na justa proporção que contribuíram para sua geração. Outra característica importante é que, no cooperativismo, não há concentração de riquezas, pois seu modelo é distributivo.

Além disso, os pilares da governança corporativa sempre fizeram parte das práticas cooperativas: transparência, equidade, prestação de contas e responsabilidade corporativa (OCB, 2022b).

Algumas cooperativas têm fundos destinados às ações ESG. Entretanto, cabe ao Conselho de Administração, a cada ano, a decisão sobre o percentual que será destinado ao Fundo Social, observando o limite previsto no Estatuto de cada cooperativa (PANORAMA DOS NEGÓCIOS, 2022).

Quanto aos incentivos externos à cooperativa, o governo federal brasileiro oferece investimentos em projetos ambientais, através do Programa ABC - Programa para a Adaptação à Mudança do Clima e Baixa Emissão de Carbono na Agropecuária - que pode ser solicitado por pessoa física ou jurídica, dentre elas cooperativas, para o repasse aos seus cooperados (BNDES, 2022).

As linhas de crédito públicas podem ser solicitadas para os impactos ambientais, tais como (BNDES, 2022):

- Recuperação de pastagens degradadas (ABC+ Recuperação);
- Implantação e melhoramento de sistemas de plantio direto "na palha" (ABC+ Plantio Direto);
- Implantação e melhoramento de sistemas de integração lavoura-pecuária, lavoura-floresta, pecuária-floresta ou lavoura-pecuária-floresta e de sistemas agroflorestais (ABC+ Integração);
- Implantação, manutenção e melhoramento do manejo de florestas comerciais, inclusive aquelas destinadas ao uso industrial ou à produção de carvão vegetal (ABC+ Florestas);
- Adequação ou regularização das propriedades rurais frente à legislação ambiental, inclusive recuperação da reserva legal, de áreas de preservação permanente, recuperação de áreas degradas e implantação e melhoramento de planos de manejo florestal sustentável (ABC+ Ambiental);
- Implantação, melhoramento e manutenção de sistemas de manejo de resíduos oriundos da produção animal para a geração de energia e compostagem (ABC+ Manejo de Resíduos);
- Implantação, melhoramento e manutenção de florestas de dendezeiro, prioritariamente em áreas produtivas degradadas (ABC+ Dendê);

- Estímulo ao uso da fixação biológica do nitrogênio, de micro-organismos promotores do crescimento de plantas e dos multifuncionais, bem como a produção para uso próprio, nas propriedades rurais, de bioinsumos e biofertilizantes, incluindo a implantação ou a ampliação de unidades de produção (ABC+ Bioinsumos);
- Adoção de práticas conservacionistas de uso, manejo e proteção dos recursos naturais, incluindo correção da acidez e da fertilidade do solo (ABC+ Manejo dos Solos);
- Construção de instalações para a implantação ou ampliação de unidades de produção de bioinsumos e biofertilizantes na propriedade rural, para uso próprio (ABC+ Bioinsumos);
- Implantação e melhoramento de sistemas orgânicos de produção agropecuária (ABC+ Orgânico).

Apesar das importantes mudanças ocorridas no ramo agropecuário nas últimas décadas, as cooperativas têm demonstrado sua capacidade de adaptação e articulação, atendendo as mudanças e necessidades dos associados, da comunidade e dos desafios de produção e distribuição, atentas as questões ESG.

1.2.9. SUSTENTABILIDADE NO AGRO ALINHADO AOS ODS

A fim de promover sustentabilidade na produção de sistemas, a FAO (Organização das Nações Unidas para Alimentação e Agricultura) (2018) sugere uma abordagem para apoiar e acelerar a transição para um ambiente mais sustentável de sistemas alimentares e agrícolas. A abordagem é baseada nos princípios que equilibram as dimensões ambiental, social e econômica e que tem como premissa entregar alimentos e agricultura sustentável. Nesse sentido, o *Climate Bonds Initiative* (2020) defniu como princípios da sustentabilidade, os seguintes:

- Aumentar a produtividade, emprego e agregar valor em sistemas alimentares;
- Proteger e melhorar os recursos naturais;
- Melhorar os meios de subsistência e promover a inclusão e o crescimento econômico;

- Aumentar a resiliência de pessoas, comunidades e ecossistemas;
- Adaptar a governança a novos desafios.

Para acompanhar a evolução dos países no que tange a agenda de desenvolvimento voltada para os ODS, o *Sustainable Development Report* (2022) aponta que o Brasil ocupa a posição 53º, dentre os países membros da ONU. E a nação brasileira alcançou 72,8 pontos, em um *ranking* que vai de 0 a 100, em relação ao alcance dos 17 ODS (SACHS *et al.*, 2022).

O tema da sustentabilidade tornou-se algo recorrente na agenda de desenvolvimento dos países, organizações, sociedade, políticas e entre outras frentes. Especialmente, a partir da segunda metade do século XX, a preocupação com o impacto dos padrões de produção e consumo da sociedade, a percepção da finitude dos recursos naturais, foram questões amplamente discutidas mundialmente. Em face à complexidade das dimensões do desenvolvimento sustentável é que a Organização das Nações Unidas (ONU, 2015) propôs aos países membros uma nova agenda de desenvolvimento sustentável - a Agenda 2030 - composta pelos 17 Objetivos do Desenvolvimento Sustentável (ODS).

Abaixo se encontram os 17 Objetivos do Desenvolvimento Sustentável e a descrição correspondente a cada um (SESCOOP/SP, 2021):

1. Erradicação da pobreza: acabar com a pobreza de todas as formas, em todos os lugares.
2. Fome zero: acabar com a fome, alcançar a segurança alimentar, melhorar a nutrição e promover a agricultura sustentável.
3. Saúde e bem-estar: assegurar uma vida saudável e promover o bem-estar para todos, em todas as idades.
4. Educação de qualidade: assegurar a educação inclusiva e equitativa de qualidade e promover oportunidades de aprendizagem ao longo da vida para todos.
5. Igualdade de gênero: alcançar a igualdade de gênero e empoderar todas as mulheres e meninas.
6. Água limpa e saneamento: assegurar a disponibilidade e a gestão sustentável da água e saneamento para todos.

7. Energia acessível e limpa: assegurar o acesso confiável, sustentável, moderno e a preço acessível de energia para todos.
8. Emprego digno e crescimento econômico: promover o crescimento econômico inclusivo e sustentável, o emprego pleno, produtivo e trabalho decente para todos.
9. Indústria, inovação e infraestrutura: construir infraestrutura resiliente, fomentar a inovação e promover a industrialização inclusiva e sustentável.
10. Redução de desigualdades: reduzir a desigualdade dentro dos países e entre eles.
11. Cidades e comunidades sustentáveis: tornar as cidades e os assentamentos humanos inclusivos, seguros, resilientes e sustentáveis.
12. Consumo e produção responsáveis: assegurar padrões de produção e de consumo sustentáveis.
13. Combate às alterações climáticas: tomar medidas urgentes para combater a mudança do clima e seus impactos.
14. Vida debaixo d'água: conservar e promover o uso sustentável dos oceanos, dos mares e dos recursos marinhos para o desenvolvimento sustentável.
15. Vida sobre a terra: proteger, recuperar e promover o uso sustentável dos ecossistemas terrestres, das florestas, combater a desertificação, deter e reverter a degradação da terra.
16. Paz, justiça e instituições fortes: promover sociedades pacíficas e inclusivas para o desenvolvimento sustentável, proporcionar o acesso à justiça para todos e construir instituições eficazes, responsáveis e inclusivas em todos os níveis.
17. Parcerias em prol das metas: fortalecer os meios de implementação e revitalizar a parceria global para o desenvolvimento sustentável.

Abaixo se pode verificar como o Brasil e outros países estão se desenvolvendo em cada um dos ODS, como figura a seguir.

Figura 4: Posição dos Objetivos do Desenvolvimento Sustentável (ODS) dos países da América Latina e do Caribe

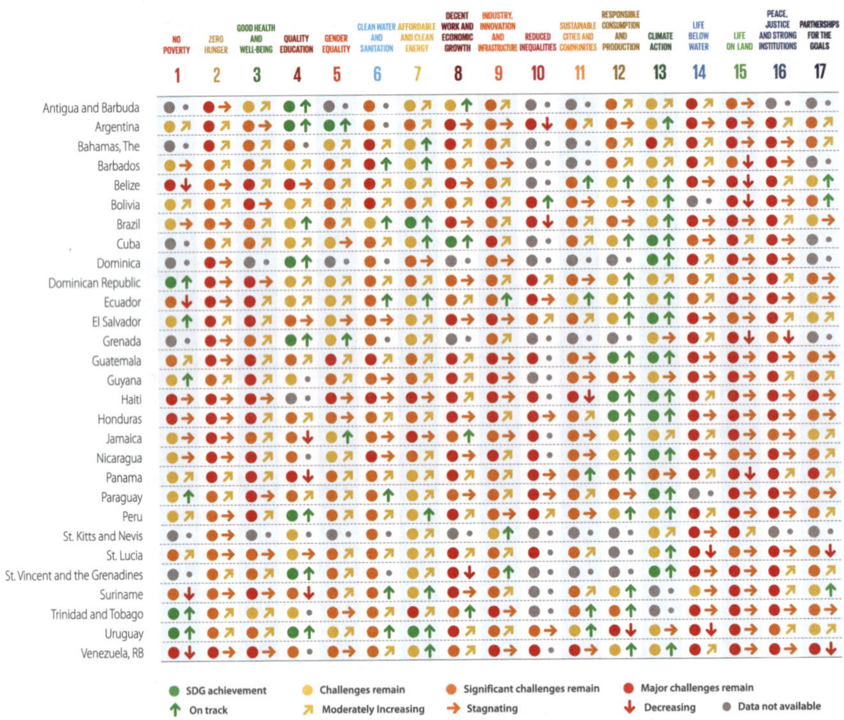

Fonte: SACHS *et al.*, 2022, p. 24.

Apesar do Brasil estar no caminho para a realização dos ODS: 4 – educação de qualidade, 6 – água potável e saneamento, 7 – energia limpa e acessível e 13 – alterações climáticas, se nada for feito, apenas o ODS 7 será alcançado no Brasil até 2030 (SESCOOP/SP, 2021).

Diante do exposto, verifica-se a importância sobre as ações e projetos desenvolvidos pelas cooperativas, a fim de visualizar ações com tais objetivos, além de reforçar o seu papel social e assim gerar mais engajamento.

Pensando nesse contexto e na contribuição que as cooperativas têm em torno do tema, é salutar que o modelo cooperativista busque promover, reforçar e comunicar o seu papel no cumprimento dos princípios com ações e projetos que possam estar conectados com o alcance dos ODS. No próximo capítulo aprofunda-se sobre o modelo cooperativo.

CAPÍTULO II

COOPERATIVISMO

2. MODELO DE NEGÓCIO COOPERATIVO

Inovador e revolucionário, o cooperativismo provou, desde seu surgimento, que seu objetivo não se apoia somente na inserção econômica de seus sócios, mas que se sustenta em bases que buscam propagar e incentivar os princípios vinculados à governança, equidade, inclusão socioeconômica, promoção da educação, responsabilidade social, sustentabilidade, formação de seus cooperados e colaboradores, fortalecimento da intercooperação e do desenvolvimento das comunidades em que estão inseridas.

Nota-se, que antes mesmo de serem propostos os critérios ESG nas cooperativas, sob a perspectiva do tripé ambiental, social e econômico; o modelo cooperativista sempre esteve atento à perspectiva sistêmica de um desenvolvimento perene e apoiado nas bases sustentáveis.

Em seu significado mais simples, uma cooperativa é um modelo formal de negócios que se aplica a diferentes tipos de atividades em grupo com objetivos comuns (ZEULI *et al.*, 2004). De acordo com a Aliança Cooperativa Internacional (ICA, 2022b), uma cooperativa é uma entidade autônoma de associação de pessoas unidas voluntariamente para atender às suas necessidades econômicas, sociais e aspirações culturais através de uma propriedade conjunta e democraticamente controlada. As Nações Unidas (UN, 1989) consideram as cooperativas como propriedade dos sócios e os negócios por eles controlados, distribuem benefícios com base no uso. Essas definições capturam os três princípios cooperativos primários: propriedade do associado, controle do usuário e distribuição de benefícios.

Como modelo de negócio viável de desenvolvimento e crescimento, o cooperativismo oferece diversos benefícios socioeconômicos, como a redução da pobreza, criação e manutenção de empregos, redução das desigualdades socioeconômicas, desenvolvimento da comunidade e criação de uma cultura de cooperação.

Outros aspectos interessantes das cooperativas são a sua resiliência à crise econômica. A tarefa de promover o valor aos membros (valor para os associados) como base sustentável, não orientada para a rentabilidade a curto prazo, tornou as cooperativas, ainda mais fortes (ARAYA *et al.*, 2014) e consequentemente, esse modelo pode contribuir para amenizar períodos de crises (DOUVITSA; KASSAVETIS, 2014).

As cooperativas por natureza são negócios baseados em valores, que são refletidos nos princípios e nas práticas de gestão, garantindo a realização da governança democrática (NOVKOVIC; MINER, 2015). A governança e o poder decisório nas cooperativas são democráticos, baseados em: um membro, igual a um voto. Esses são alguns dos diferenciais das cooperativas. A adesão é aberta a todos e os membros têm participação ativa na definição da direção da entidade, que inclui a distribuição de resultados (WERNER, 2019).

Quanto ao agrupamento, as cooperativas estão divididas em sete ramos, que são: agropecuário; crédito; consumo; infraestrutura; trabalho, produção de bens e serviços; saúde; transporte (SESCOOP/RS, 2021). As cooperativas fazem parte de um sistema composto por vários órgãos, conforme observa-se na Figura 5. São eles: Aliança Cooperativa Internacional (ACI), ACI Américas, Organização das Cooperativas Brasileiras (OCB), Sindicato e Organização das Cooperativas do Rio Grande do Sul (OCERGS), confederações, federações, cooperativas centrais e cooperativas singulares.

Figura 5: Estruturação do sistema Cooperativo

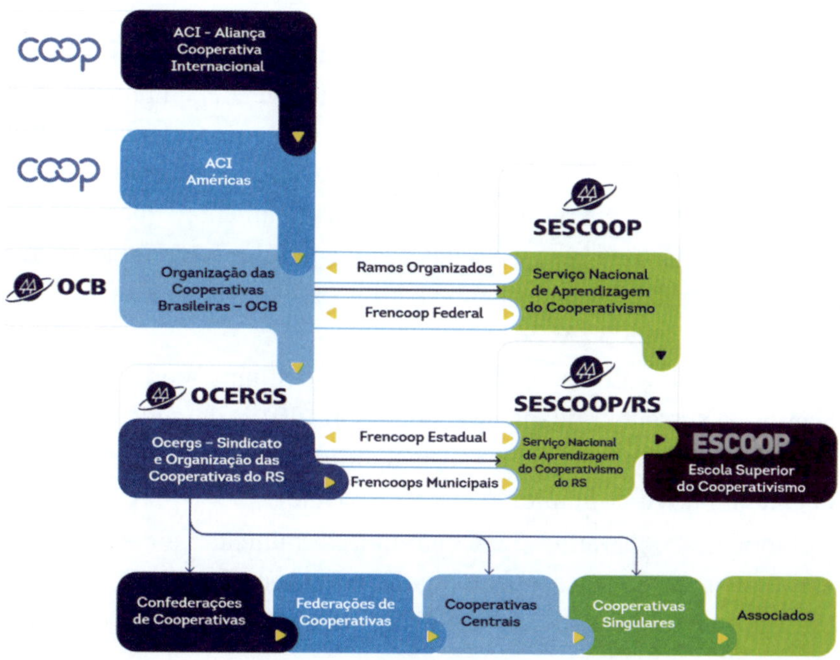

Fonte: OCERGS, 2023.

O modelo cooperativo nasceu alinhado à governança por causa de seu componente social, relacionado à tomada de decisão democrática e a identidade cooperativa (SIMMONS; BIRCHALL, 2008). Nessa linha, Cruz (2001, p. 49) destaca três aspectos: os valores - que são experiências morais, de caráter permanente, que se constituem no arcabouço do pensamento e da conduta dos cooperativistas; os princípios - que são as regras de conduta decorrentes da aplicação dos valores no relacionamento social do cooperativismo e dos cooperados, cuja evolução e aperfeiçoamento devem fazer parte das transformações preconizadas pelo cooperativismo; e a herança histórica - que é o acervo intelectual, legado dos precursores do cooperativismo, representado por seus pensadores e ideólogos ao longo do processo histórico, que consolidou a filosofia cooperativista em todo o mundo.

Os valores e os princípios se caracterizam por seu caráter perene no tempo e se adaptam. Os valores tomam posição superior na hierarquia da doutrina cooperativista. Pode-se dizer que os princípios explicam os valores e fazem a ligação entre a teoria e a prática cooperativista. Os princípios convertem ideias em ações. Sendo assim, o modelo de negócio cooperativista tem como base valores, princípios e ética; e colocam as necessidades e as aspirações de seus membros acima do simples objetivo de maximizar o lucro (ICA, 2022b).

As cooperativas são formas de organização pautadas pelos valores da democracia, igualdade, ajuda mútua, solidariedade, autonomia, equidade e responsabilidade que envolvem atividades socioeconômicas e que têm como missão atender as necessidades de seus associados. Quanto aos princípios, destaca-se a responsabilidade socioambiental, que diz respeito ao compromisso de bem-estar das pessoas, proteção do meio ambiente, preocupação com o desenvolvimento econômico e social (PENTEADO; STEFANO; COSTA, 2021).

Portanto, os valores do cooperativismo têm uma ampla adesão aos conceitos da sustentabilidade. Meinen e Port (2012) defendem que devido ao seu significado, a palavra sustentabilidade é a chave e será provavelmente um novo princípio do cooperativismo.

O modelo cooperativo é também uma ferramenta de combate à pobreza desde seu surgimento, isso significa dizer que o primeiro objetivo do desenvolvimento sustentável (ODS 1) está no próprio DNA das cooperativas (ICA, 2022a).

O cooperativismo é uma ferramenta que combate a pobreza, pois foi sob a crescente ameaça de substituição por máquinas a vapor e agravamento da miséria da classe operária, que 28 tecelões se reuniram na busca por alternativas de trabalho e fundaram na cidade de Rochdale, Inglaterra, em 21 de dezembro de 1844, a primeira cooperativa do mundo. Cooperativa do ramo consumo, foi criada com o propósito de fornecer acesso a alimentos de qualidade, com o excedente sendo reinvestido na comunidade local. Criaram, assim, um pequeno armazém cooperativo de consumo: a "Sociedade dos Equitativos Pioneiros de Rochdale" (OCB, 2022c).

Em pouco tempo começaram a se profissionalizar, desenvolvendo estratégias como formação de capital social para emancipação dos trabalhadores, adquirindo casas para os cooperados, e criando estabelecimentos industriais e agrícolas voltados à produção de bens indispensáveis à classe trabalhadora, de modo direto e a preços módicos. Isso revela a finalidade das cooperativas que é de atender as necessidades econômicas e sociais de seus membros (OCB, 2022c).

Por atender as necessidades de seus associados, Irion (1997) definiu o cooperativismo como um instrumento eficaz para a organização das pessoas, da democracia, dos investimentos, da distribuição de renda, da regularização do mercado, da geração de empregos e de justiça social. A grande diferença em relação às outras iniciativas de caráter empresarial mercantilista, segundo Meinen e Port (2012), é a preocupação com valores e ideais humanitários. Complementando, Scheidt, Stefano e Kos (2019) entendem que o objetivo final das cooperativas é melhorar as condições de vida de seus membros.

Sendo assim, as cooperativas são uma opção para as pessoas criarem suas próprias oportunidades, reunindo esforços e recursos. Esse ponto social forte das cooperativas chamou a atenção das Nações Unidas. Em setembro de 2015, os 193 países membros das Nações Unidas adotaram uma nova política global: a Agenda 2030 para o Desenvolvimento Sustentável, que tem como objetivo elevar o desenvolvimento e melhorar a qualidade de vida das pessoas. Para isto, foram estabelecidos 17 Objetivos de Desenvolvimento Sustentável (ODS) com 169 metas – a serem alcançadas por meio de uma ação conjunta que agrega diferentes níveis do governo, organizações, empresas e sociedade como um todo nos âmbitos internacional, nacional e local (ICA, 2022b).

A ideia dos ODS é dar continuidade ao trabalho iniciado em 2000 pelos Objetivos de Desenvolvimento do Milênio (ICA, 2022b). Essa agenda teve plena adesão do cooperativismo brasileiro mediante o compromisso de contribuir cada vez mais para o alcance dos Objetivos de Desenvolvimento Sustentável (ODS) e estabelecer um caminho para acabar com a pobreza, proteger o meio ambiente e garantir a prosperidade a todos até 2030 (UN, 2016b).

A Agenda 2030 claramente reconhece que as cooperativas são peças importantes do setor privado para atingir os ODS, criando oportunidade para que elas se posicionem como parceiras de instituições globais, nacionais, regionais e locais para atingir o desenvolvimento sustentável. Essa ambiciosa Agenda estabelece uma forma para acabar com a pobreza, proteger o meio ambiente e garantir a prosperidade a todos até 2030.

Órgão máximo representativo, a Internacional Cooperative Aliance ou Aliança Cooperativa Internacional (ICA) está desempenhando um papel de liderança na implementação dos ODS pelas cooperativas. Em 2016, o ICA lançou a plataforma "Coops for 2030" (ICA, 2022b), a fim de garantir o alcance do desenvolvimento sustentável com uma campanha para que as cooperativas entendam melhor os ODS (ICA, 2022b).

Assim, no site "Co-ops for 2030", o ICA (2022b) identificou as metas de maior relevância para as cooperativas, de acordo com os 17 ODS. E para ter uma visão das metas relevantes, do comprometimento das cooperativas e acompanhar o progresso dos indicadores em cada área de ação (ICA, 2022c), as metas foram agrupadas em quatro áreas principais de ação: construção de um sistema de alimentos mais sustentável, proteção ambiental, melhoria de acesso a serviços básicos e erradicação da pobreza, conforme descrito a seguir:

- **Construção de um sistema de alimentos mais sustentável:** as cooperativas ajudam pequenos produtores agrícolas a resolverem os inúmeros desafios que enfrentam, impulsionando: mercados e tendências, preços de alimentos, equipamentos com apurada tecnologia, insumos de alta qualidade (sementes e fertilizantes), acesso a crédito e outros. Alguns compromissos sugeridos para as cooperativas contribuírem para os ODS relacionados a sustentabilidade são (ICA, 2022c):

    - Aumentar a produção agrícola dos membros até 2030;
    - Aumentar a proporção de alimentos nutritivos até 2030;
    - Reduzir a quantidade de alimentos descartados pós-colheita e nos pontos de venda até 2030.

- **Proteção Ambiental:** antes de assumir a responsabilidade social como uma prática corporativa padrão, as cooperativas já exploravam e identificavam formas de reduzir a pegada de carbono e tornar suas comunidades mais conscientes sobre a sustentabilidade. Abaixo seguem alguns compromissos sugeridos para as cooperativas contribuírem com os ODS relacionados a proteção ambiental (ICA, 2022c):
    - Aumentar a parcela de energia renovável do total de energia que fornecem;
    - Reduzir a quantidade de alimentos descartados pós-colheita e nos pontos de venda até 2030;
    - Incluir aspectos da sustentabilidade nos relatórios de resultados anuais (escritos ou verbais) aos membros;
    - Reduzir a pegada de carbono até 2030.

- **Melhoria de acesso a serviços básicos:** as pessoas se unem para formar cooperativas e atender às suas necessidades econômicas, sociais e culturais. Essas necessidades estão muitas vezes relacionadas ao acesso a abrigo, energia, água, mercados, trabalho decente, serviços financeiros ou alimentos frescos e de qualidade, entre outros. Ao criar o acesso a produtos e serviços básicos, as cooperativas preenchem as lacunas nas comunidades em que operam. O papel das cooperativas na melhoria do acesso é particularmente importante, especialmente nas áreas rurais e vislumbrando o futuro. Alguns compromissos sugeridos para as cooperativas contribuírem com os ODS relacionados à melhoria no acesso a serviços básicos (ICA, 2022c) são:
    - Fornecer planos de saúde para mais pessoas até 2030;
    - Levar eletricidade para as residências até 2030;
    - Aumentar o número de pessoas com conta corrente até 2030;

    - Contratar jovens com menos de 24 anos como estagiários, aprendizes ou funcionários até 2030;
    - Aumentar o percentual da participação dos membros em grupos de tomada de decisão até 2030.

- **Erradicação da pobreza:** reduzir a pobreza foi a ideia que deu origem às cooperativas e continua sendo a motivação para a elaboração de iniciativas em muitos lugares do mundo. Elas mobilizam mecanismos de autoajuda e simultaneamente criam oportunidades, ampliam a proteção e facilitam o empoderamento. Esses três elementos: oportunidade, proteção e empoderamento são vistos como ingredientes essenciais de qualquer estratégia de redução da pobreza. As cooperativas podem reduzir a pobreza em situações em que o governo e a sociedade falham. Alguns compromissos sugeridos para as cooperativas contribuírem com os ODS relacionados à redução da pobreza, são (ICA, 2022c):
    - Criar empregos até 2030;
    - Adquirir produtos de países em desenvolvimento;
    - Aumentar até 2030 o percentual da proporção dos membros da cooperativa oriundos de assentamentos ou favelas.

Considerando a sinergia entre a visão das Nações Unidas de um futuro sustentável e do movimento cooperativista, fica claro que as cooperativas são fortes agentes a fim de tornar os ODS uma realidade no dia a dia do negócio. Para que isso seja possível, as cooperativas precisam alinhar seu trabalho aos ODS, às metas e aos indicadores que acompanharão o plano de ação para a concretização das ações até 2030 (ICA, 2022b).

Outra característica do modelo cooperativo é que todos são sócios do negócio e partilham de seus resultados, sejam positivos ou negativos, na justa proporção que contribuíram para sua geração. Sendo assim, não há concentração de riquezas, pois seu modelo é distributivo.

Também outro diferencial do modelo é que as cooperativas são orientadas para o crescimento econômico, apesar disso ser natural como resultado de suas atividades.

As cooperativas são regidas por algumas "regras de ouro", como eram conhecidos os princípios cooperativistas, que foram inaugurados pela primeira cooperativa, de Rochdale, em 1844. Seu objetivo era imprimir os valores, a dinâmica social e organizacional desse modelo de negócio. Com o passar dos anos, tais princípios foram revisitados e em 1995 a ACI (Aliança Cooperativa Internacional) definiu, para todo movimento cooperativista mundial, os princípios que os norteiam até os dias de hoje. São eles (ICA, 2022b):

Adesão livre e voluntária

O primeiro princípio está relacionado à ideia de "portas abertas", de modo a enfatizar que as cooperativas estão abertas a todas as pessoas aptas a operar com a cooperativa e assumir as responsabilidades como membros, sem discriminação social, racial, política, religiosa e de gênero. Adicionalmente, este princípio reforça o valor da equidade, liberdade e imparcialidade do modelo, promovendo integração e igualdade de oportunidades.

Gestão democrática

O segundo princípio versa sobre as características do regime democrático da gestão do empreendimento, a partir da autogestão de um modelo de governança pautado no controle por parte dos cooperados na transparência, na participação igualitária (1 pessoa = 1 voto), nos processos de tomada de decisões nas instâncias designadas (Assembleia Geral Ordinária, Assembleia Geral Extraordinária, Reuniões de Conselhos e Comitês) e na representatividade por meio da eleição dos cooperados aptos a ocupar os cargos definidos por estatuto social. Este princípio visa garantir a identidade do modelo cooperativista, onde sua governança deve estar aliada a participação igualitária dos cooperados nos processos deliberativos e estratégicos.

Participação econômica dos sócios

O terceiro princípio remete à constituição e remuneração do capital, conforme estatuto social do empreendimento cooperativo. Ingressando por meio do aporte do capital social estipulado, os cooperados contribuem equitativamente e são remunerados conforme sua operação junto à cooperativa. Ademais, para que a cooperativa consiga se manter e oferecer melhores serviços aos cooperados, parte do capital é destinado ao desenvolvimento da organização. A aplicação deste princípio torna efetivos os valores da responsabilidade e da solidariedade.

Autonomia e independência

O quarto princípio busca reforçar a relação de independência e autonomia das cooperativas frente a outras organizações. Ou seja, as cooperativas são organizações autônomas, de ajuda mútua, controladas pelos seus membros. Se firmarem acordos com outras organizações, incluindo instituições públicas ou recorrerem a capital externo, devem fazê-lo em condições que assegurem o controle democrático pelos seus membros e mantenham a autonomia da cooperativa.

Educação, formação e informação

O quinto princípio apresenta a preocupação do cooperativismo em relação ao progresso intelectual dos seus sócios e dos colaboradores. O compromisso em promover este princípio está diretamente ligado à importância dada à educação e seu reflexo no desenvolvimento individual, profissional e organizacional. Essa boa prática, enfatizada por esse princípio, se baseia na ideia de que a educação, formação e informação são indutores primordiais para o engajamento, conhecimento e desenvolvimento dos membros, imprimindo reflexo no bom desempenho das cooperativas.

Intercooperação

O sexto princípio reforça a integração e o fortalecimento do movimento cooperativista, através da parceria e cooperação entre as cooperativas, estendendo aos cooperados, trabalhando em conjunto, através das estruturas locais, regionais, nacionais e internacionais. A intercooperação é uma das formas pelas quais se pratica o valor da solidariedade, já que é de interesse de qualquer cooperativa que as entidades coirmãs, do mesmo e de outros ramos, se integrem e busquem meios de implementação dessas parcerias com o intuito de garantir a perenidade do movimento.

Interesse pela comunidade

O último princípio congrega e evidencia a importância da função e da responsabilidade social que o cooperativismo proporciona ao desenvolvimento local. O olhar das cooperativas para o impacto causado ao meio em que estão inseridas, reforça o compromisso ligado à coletividade e a sustentabilidade de suas comunidades, universo no qual se inserem os seus cooperados. Naturalmente, por ter como foco nas pessoas e não no capital, as cooperativas têm o dever de conduzir o desenvolvimento equilibrado das próprias comunidades para o bem-estar de suas populações, apoiado por projetos e soluções que sejam sustentáveis, tanto do ponto de vista econômico, quanto sob a ótica social e ambiental.

O conjunto dos princípios do cooperativismo reforçam o Plano para uma Década Cooperativa 2011-2020 ou Visão 2020 (ICA, 2013), o qual posiciona as cooperativas como impulsionadoras de sustentabilidade e visa alcançar o reconhecimento global das cooperativas neste domínio. Como parte do esforço para promover o modelo cooperativo, a Aliança Internacional Cooperativa aprovou o Plano de Ação e estipulou os seguintes objetivos para que as cooperativas se tornem:

- Líderes reconhecidas de sustentabilidade ambiental, social e econômica;
- O modelo preferido pelas pessoas;
- A forma de organização de maior crescimento.

No período da Década Cooperativa, foi escolhido pela ONU, o ano de 2012, como o Ano Internacional das Cooperativas. Isto evidenciou ainda mais o setor e as características do propósito partilhado, ilustrado pela gama de atividades, celebrações, conferências e reuniões que ocorreram no mundo (PORTAL DO COOPERATIVISMO FINANCEIRO, 2013).

Quanto ao Plano Visão 2020, ele procurou assentar o que foi concretizado durante o Ano Internacional das Cooperativas (2012) e a resiliência demonstrada pelo movimento cooperativo desde que aconteceu o grande colapso financeiro internacional de 2008. Ao prosseguir a estratégia contida no Plano de Ação, a intenção era fazer de 2011-2020 uma Década Cooperativa de crescimento estável (PORTAL DO COOPERATIVISMO FINANCEIRO, 2013). No sentido de contribuir para o crescimento estável, o Plano de Ação para uma Década Cooperativa 2011-2020 teve como base cinco temas interligados, conforme mostra a figura na sequência.

Figura 6: Estratégias do Plano de Ação para uma década cooperativa (2011-2020)

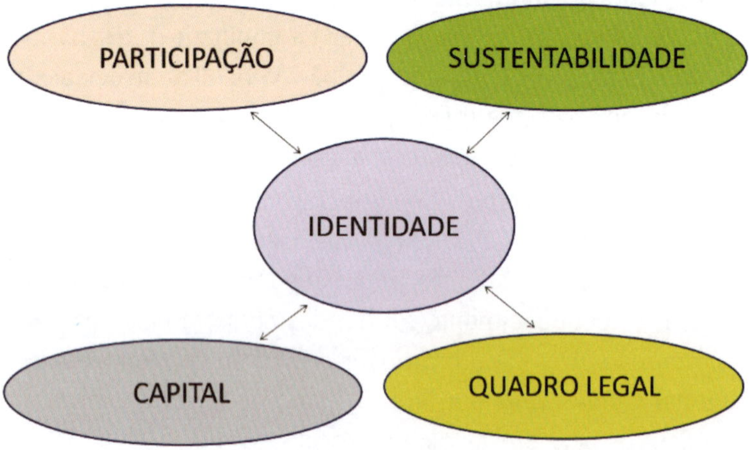

Fonte: ICA, 2013b, p. 04.

Diante disso, as Nações Unidas perceberam um potencial único para o cooperativismo, bem como a relação entre o modelo cooperativo e a sustentabilidade, observando que diante de múltiplas crises e desastres naturais, as cooperativas mantiveram altas classificações de crédito, aumentaram os ativos, o volume de negócios e expandiram a quantidade de membros (ICA, 2022b).

A ONU também reforça a relação clara e direta entre sustentabilidade e as cooperativas. Os vínculos com a dimensão social da sustentabilidade são mais fortes do que os vínculos com as dimensões ambiental e econômica, mas os três estão presentes. Os resultados demonstram que as cooperativas incorporam a sustentabilidade em seu modelo operacional e nos valores (ICA, 2022b).

O estudo de Dale *et al.* (2013) deu um passo além e explorou o grau em que os princípios cooperativos se sobrepõem ao "DNA" de sustentabilidade. Os autores extraíram termos chaves dos princípios cooperativos, como por exemplo, as palavras igualdade, direitos, democracia, entre outras. Em seguida, os autores encontraram na literatura as palavras chaves que haviam identificado nos princípios, o que indicou que os princípios cooperativos e a literatura de sustentabilidade se sobrepõem diretamente. Entretanto, houve uma forte sobreposição na literatura entre os conceitos, os princípios cooperativos e o aspecto social e houve uma menor sobreposição entre os conceitos-chave, os princípios cooperativos e os aspectos ambiental e econômico.

Os autores Dale *et al.* (2013) defenderam que os princípios cooperativos não discutiam questões ambientais, com exceção do Princípio 7 – Interesse pela comunidade. Eles também identificaram que o aspecto econômico da sustentabilidade na literatura está mais focado na escala macroeconômica; no entanto, as cooperativas estão mais preocupadas com as funções microeconômicas de seus negócios.

A fim de rastrear os princípios cooperativos, o ICA (2016) definiu uma série de indicadores, como podem ser observados a seguir.

Quadro 4: Indicadores relacionados aos princípios cooperativos

Princípio Cooperativo	Indicadores
Adesão livre e voluntária	* Número de membros * Diversidade (idade, sexo, raça, etnia, educação, antecedentes e outros) * Diversidade do conselho
Gestão democrática	* Percentual de membros votantes na eleição do conselho * Número de resoluções apresentadas pelos membros
Participação econômica dos sócios	* Percentual do capital fornecido pelos membros * Porcentagem do capital total indivisível * Indicador de fidelidade dos membros
Autonomia e independência	* Percentual de ativos de propriedade de investidores externos
Educação, formação e informação	* Porcentagem da receita gasta em educação, treinamento e informação * Número de participantes por categoria (sócios, colaboradores e clientes) em programas da cooperativa
Intercooperação	* Percentual das receitas e despesas associadas a outras cooperativas

Interesse pela comunidade	* Emissões de GEE por membro • Percentual da receita alocada para a comunidade e organizações • Peso dos alimentos doados para bancos de alimentos comunitários • Número de organizações comunitárias apoiadas

Fonte: ICA, 2016, p. 20.

É importante a divulgação das ações ambientais, sociais, de governança e econômicas através dos indicacadores de desempenho que podem ser divulgados nos relatórios de sustentabilidade e ESG. No Quadro 5 estão identificados alguns relatórios de sustentabilidade utilizados pelas cooperativas (ICA, 2016).

Quadro 5: Relatórios de Sustentabilidade utilizados por cooperativas

AccountAbility	Usado por poucas cooperativas	É composto por três partes: inclusão, materialidade e capacidade de resposta. Útil para cooperativas que visam fornecer informações a terceiros a respeito do engajamento das partes interessadas.
B-Corporation	Usado por poucas cooperativas	É um programa de certificação e pode acompanhar a Avaliação de Impacto B, que pode formar a base de um relatório de sustentabilidade.
Carbon Disclosure Project (CDP)	Usado por poucas cooperativas	O CDP proporciona informações sobre o tripé: clima, água e florestas.
Global Alliance for Banking on Values (GABV)	Utilizado por cooperativas financeiras	Dividido em requerimentos básico, quantitativo e qualitativo.

Global Reporting Initiative (GRI)	Utilizado por grandes cooperativas	Compara o desempenho de cooperativas com não-cooperativas, através de padrões universais (3 indicadores), padrões de setor (8 indicadores) e padrões tópicos (8 indicadores).
International Integrated Reporting Framework **(IIRC)**	Usado por poucas cooperativas	O IIRC é uma iniciativa conjunta de organizações que apoiam relatórios de sustentabilidade e possuem uma estrutura para relatórios financeiros, informações ambientais, sociais e de governança em um formato integrado.

Fonte: ICA, 2016.

Os relatórios acima descritos são utilizados geralmente por poucas e por grandes cooperativas. Entretanto, não há um padrão de relatórios de sustentabilidade utilizado pelas cooperativas, nem de indicadores de desempenho; portanto, cada organização realiza a sua mensuração, conforme melhor entender. Dessa forma, se torna impossível fazer comparações entre as cooperativas.

A seguir, aprofunda-se sobre o tema cooperatismo mundial e depois trata-se do brasileiro.

2.1. COOPERATIVISMO MUNDIAL

A importância do cooperativismo está expressa nos números. O cooperativismo mundial está presente em mais de 150 países, congregando 1,2 bilhão de cooperados, integrantes de 3 milhões de cooperativas (OCERGS, 2023). Dentre a população mundial ativa, 10% são colaboradores de cooperativas, o que corresponde a 280 milhões de pessoas; e 12% da humanidade é cooperado, equivalendo a 1 bilhão de pessoas (OCB, 2023).

Outro ponto a destacar, é que dentre os sete ramos do cooperativismo, o ramo agropecuário se destaca. A representatividade do setor se expressa pelo fato de que dentre as 300 maiores cooperativas do mundo, 100 são agropecuárias (OCERGS, 2023). O faturamento das 300 maiores cooperativas soma US$ 2,2 bilhões (OCERGS, 2021b).

Das 300 maiores cooperativas do mundo em volume de negócios, 9 são cooperativas brasileiras, sendo 6 do ramo agropecuário, 2 do ramo crédito e 1 do ramo saúde (ICA, 2022).

A força do cooperativismo também está expressa no cooperativismo brasileiro, como pode-se observar a seguir.

2.1.1. COOPERATIVISMO BRASILEIRO

O movimento cooperativista registrou crescimento significativo em 2021. Segundo a OCB (2022a) o total de pessoas associadas às sociedades cooperativas chegou a 18,8 milhões e se manteve nesse patamar em 2022 (OCERGS, 2023). O número é 10% superior ao de 2020, quando foram registrados mais de 17,1 milhões de cooperados no país.

O presidente da OCB (Organização das Cooperativas Brasileiras), Márcio Lopes de Freitas, afirma que já somos 8% da população brasileira e acredita que o cooperativismo vai continuar crescendo. Segundo ele, os números expressam a base sólida do movimento e o quanto o modelo de negócios cooperativista tem sido cada vez mais procurado pela população. "Os resultados comprovam mais uma vez que o cooperativismo se fortalece em momentos de crise. A preocupação com a comunidade, princípio básico das cooperativas, demonstra que somos essenciais para a retomada da economia brasileira", diz o dirigente.

O país conta, atualmente, com 4.880 cooperativas, beneficiando cerca de 18,8 milhões de cooperados, empregando 493 mil pessoas. Sendo que do ramo agropecuário são 1.170 cooperativas, o que corresponde a 26,52% do total das cooperativas brasileiras; 1 milhão de cooperados, que equivale a 5,29% dos associados das cooperativas brasileiras e 239 mil colaboradores, correspondentes à 48,45% do total do cooperativismo do país (OCERGS, 2023).

Segundo dados do último censo agropecuário brasileiro de 2017, havia um total de 5.073.324 estabelecimentos no Brasil. Os estabelecimentos que eram associados às cooperativas, nesse período, totalizavam

579,5 mil, o que corresponde a 11,4% de todos os estabelecimentos agropecuários do Brasil (IBGE, 2017).

Mesmo em meio a tantos desafios sociais e econômicos, gerados pela pandemia do Coronavírus, o cooperativismo brasileiro seguiu crescendo. O principal indicador social – número de cooperados – saltou de 15,5 milhões (em 2019) para 17,1 milhões (2020) – registrando um aumento de cerca de 11% (OCB, 2021a). E foi para 18,8 milhões em 2021 e permaneceu assim em 2022, crescimento anual de 0,94% em relação a 2020 (OCB, 2022a e OCERGS, 2023).

E se o resultado na geração de renda para os cooperados foi bom em 2021, o resultado na geração de empregos também foi satisfatório, pois houve um incremento de quase 38,3 mil profissionais nas cooperativas do país. Em 2019, o número total de colaboradores nas coops era 427,5 mil; em 2020, esse número subiu para 455 mil e em 2021 foi para 493,3 mil em 2022 (OCB, 2022a e OCERGS, 2023).

A Organização das Cooperativas Brasileiras (OCB, 2022c), convicta da contribuição do cooperativismo, o propôs como modelo econômico de desenvolvimento sustentável e sugeriu algumas pautas para o governo, gestão 2023-2026 que são: segurança alimentar; transição para uma economia de baixo carbono; combate à fome e agregação de valor à produção.

A OCB (2022b) destaca ainda que as cooperativas podem contribuir com o governo na prestação de serviços de interesse público com maior eficiência e dinamismo: apoio na inclusão financeira e desenvolvimento regional; desenvolvimento do Norte e do Nordeste; acesso universal aos serviços de saúde; energia de qualidade no campo e nas cidades; educação inclusiva, equitativa e de qualidade; mobilidade urbana; aproveitamento do potencial turístico e de lazer; moradia própria e construção de unidades habitacionais.

2.1.2. COOPERATIVISMO GAÚCHO

Vários pontos demostram a influência positiva das cooperativas na sociedade. Um deles é que o salário médio dos colaboradores nas cooperativas é 5% superior ao do setor privado (OCERGS, 2021a).

Outro ponto relevante diz respeito ao Índice de Desenvolvimento Socioeconômico (IDESE). O IDESE é um indicador que sinaliza a situação socioeconômica, considerando aspectos quantitativos e qualitativos do processo de desenvolvimento em educação, renda e saúde (GOV/RS, 2022). Quanto mais próximo de um, mais desenvolvido é o município (OCERGS, 2021a). É fato que os municípios com a presença de cooperativas apresentam um IDESE superior em comparação às cidades onde o cooperativismo é menos desenvolvido (OCERGS, 2021a), como pode ser verificado nos gráficos abaixo.

Gráfico 3: Média dos municípios que têm e que não têm cooperativas no RS: educação e renda, 2021

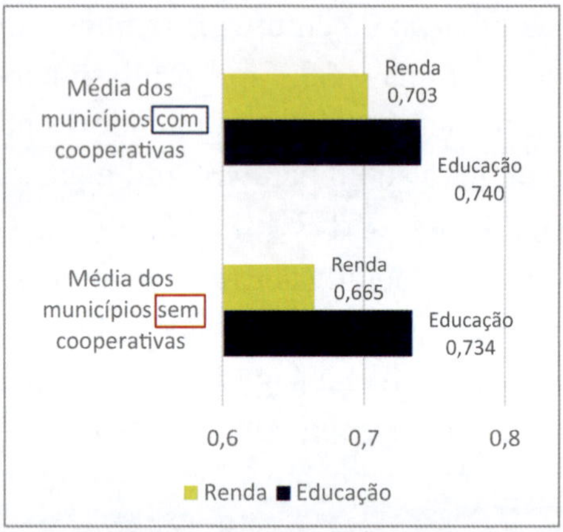

Fonte: OCERGS, (2021b).

Gráfico 4: Média dos municípios que têm e que não têm cooperativas no RS: educação e renda, 2022

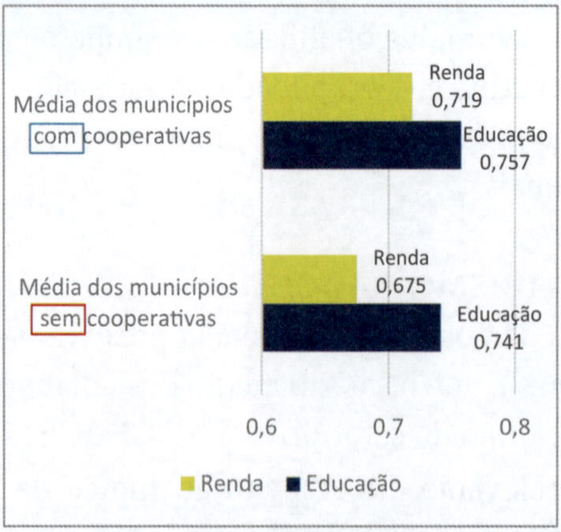

Fonte: OCERGS, (2022).

A seguir são apresentados alguns indicadores que demonstram que apesar do número de cooperativas ter diminuído de 2016 a 2022, o restante dos indicadores aumentou, como: associados, empregos diretos, sobras, patrimônio líquido e ativos (Gráficos 5 a 10).

Gráfico 5: Cooperativismo Gaúcho: cooperativas (em números), 2016 - 2022

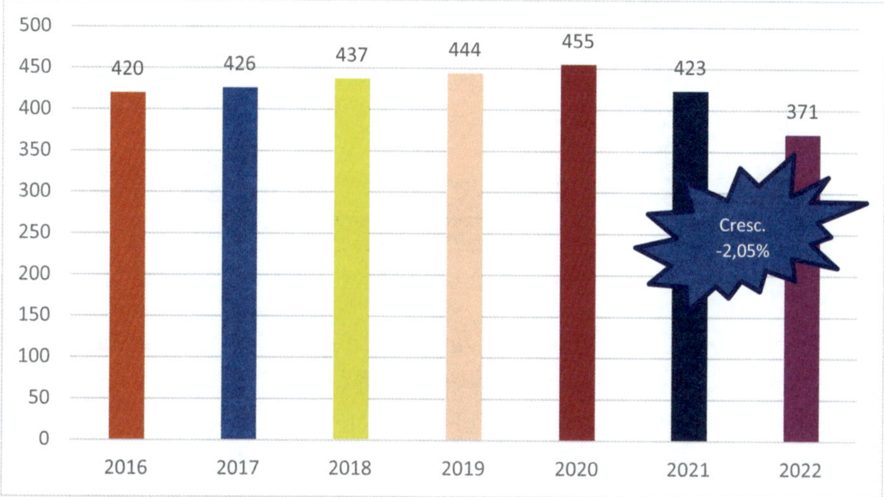

Fonte: OCERGS, (2017, 2018, 2019, 2020, 2021b, 2022 e 2023).

O número de associados e empregos diretos cresceram, respectivamente 3,79% e 4,45% de 2016 a 2022, como pode-se observar nos gráficos 6 e 7.

Gráfico 6: Cooperativismo Gaúcho: associados (em números), 2016 - 2022

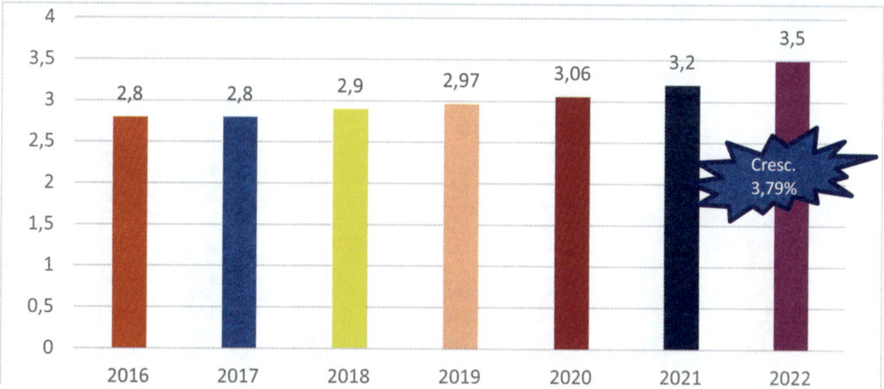

Fonte: OCERGS, (2017, 2018, 2019, 2020, 2021b, 2022 e 2023).

Gráfico 7: Cooperativismo Gaúcho: empregos diretos (em mil), 2016 - 2022

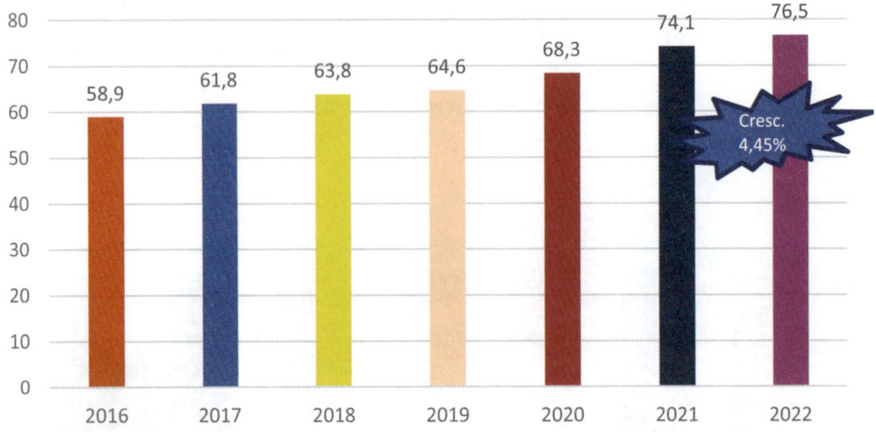

Fonte: OCERGS, (2017, 2018, 2019, 2020, 2021b, 2022 e 2023).

Outro sinal do forte desenvolvimento cooperativo é a distribuição da riqueza coletiva gerada para os associados, as sobras. Houve um crescimento de 2019 a 2022, sendo que chama a atenção o crescimento de 2021 para 2022 (Gráfico 8). A geração de riqueza distribuída aos associados reflete as boas práticas de governança e gestão das cooperativas e implica no desenvolvimento das cooperativas do Rio Grande do Sul. A eficiência econômica das cooperativas se concretiza pelos resultados que apresentam.

Gráfico 8: Cooperativismo Gaúcho: sobras (em bilhões de reais), 2016 - 2022

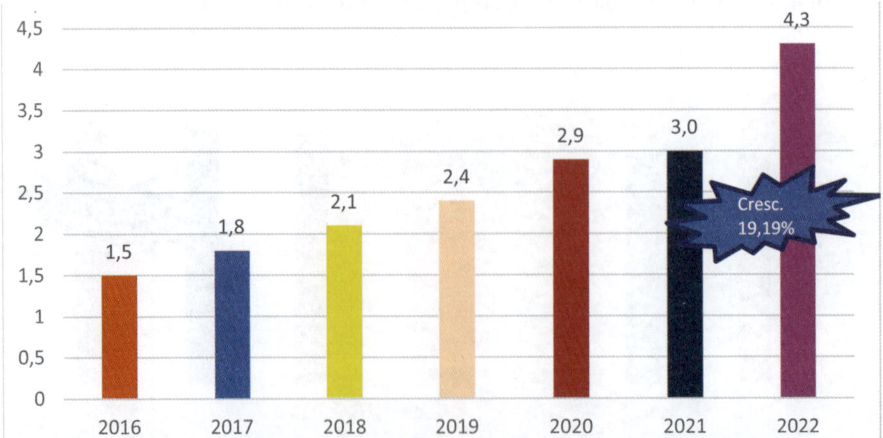

Fonte: OCERGS, (2017, 2018, 2019, 2020, 2021b, 2022 e 2023).

O patrimônio líquido é formado pelas quotas-partes dos associados, resultado do exercício de fundos, reservas legais e estatutárias. A solidez do sistema cooperativo pode ser verificada ao longo dos anos no gráfico 9, com crescimento de 2016 a 2022 de 15,07%.

Gráfico 9: Cooperativismo Gaúcho: patrimônio líquido (em bilhões de reais), 2016 - 2022

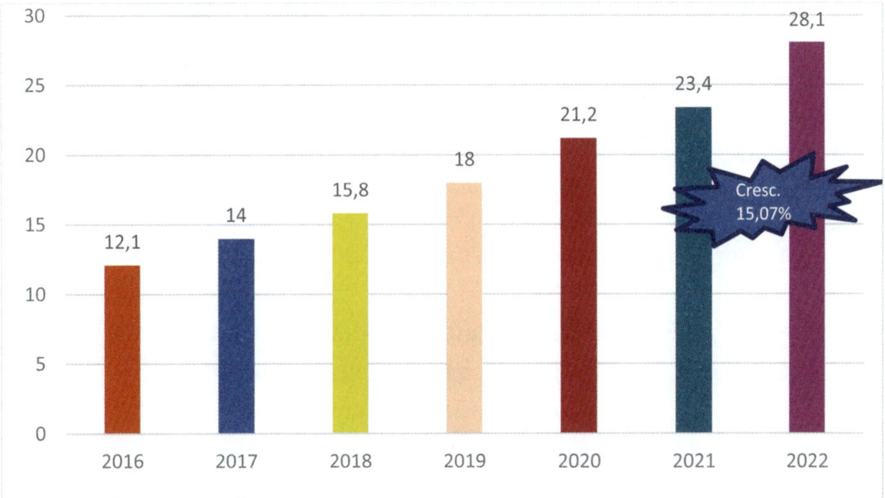

Fonte: OCERGS, (2017, 2018, 2019, 2020, 2021b, 2022 e 2023).

Os ativos compreendem o conjunto de recursos financeiros e econômicos que são administrados pelas cooperativas. Também no cooperativismo, os ativos estão em ascensão, com crescimento mais expressivo de 2019 a 2022 e um salto de 2021 para 2022.

Gráfico 10: Cooperativismo Gaúcho: ativos (em bilhões de reais), 2016 - 2022

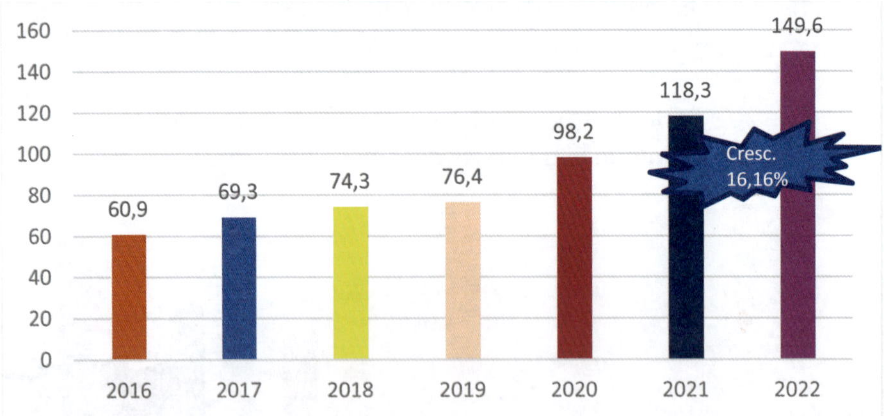

Fonte: OCERGS, (2017, 2018, 2019, 2020, 2021b, 2022 e 2023).

Como se pode verificar a seguir, o cooperativismo agropecuário gaúcho apresentou alguns indicadores com decréscimo (OCERGS, 2023).

2.1.3. COOPERATIVISMO GAÚCHO AGROPECUÁRIO

Sem dúvida o ramo agropecuário, é o mais representativo dos sete ramos do cooperativismo e tem vários indicadores positivos. Foi um setor que andou na contramão de diversos segmentos econômicos que registraram grandiosas perdas nos últimos anos, como é o caso das atividades artísticas; transportes (aéreo, ferroviário, metroferroviário, interestadual e intermunicipal, público urbano), serviços de alojamento e alimentação; fabricação de veículos automotores, reboques e carrocerias; fabricação de calçados e artefatos de couro; comércio de veículos, peças e motocicletas (GOV, 2020).

A grandeza do agro mediante os demais ramos também está expressa nos números. Em 2022, o faturamento das cooperativas do agro representou 63,5% do total dos ramos de cooperativismo no Rio Grande do Sul. O valor das sobras foi equivalente a 26,6% do total dos sete ramos do cooperativismo gaúcho (OCERGS, 2023).

Dentre as 371 cooperativas gaúchas, 95 delas são do ramo agropecuário, o que corresponde a 12,97% do total de cooperativas do estado. O número de cooperativas vinha se mantendo estável até 2020 e sofreu uma pequena diminuição na quantidade em 2021 e 2022.

Gráfico 11: Cooperativismo Gaúcho Agropecuário cooperativas (em números), 2016-2022

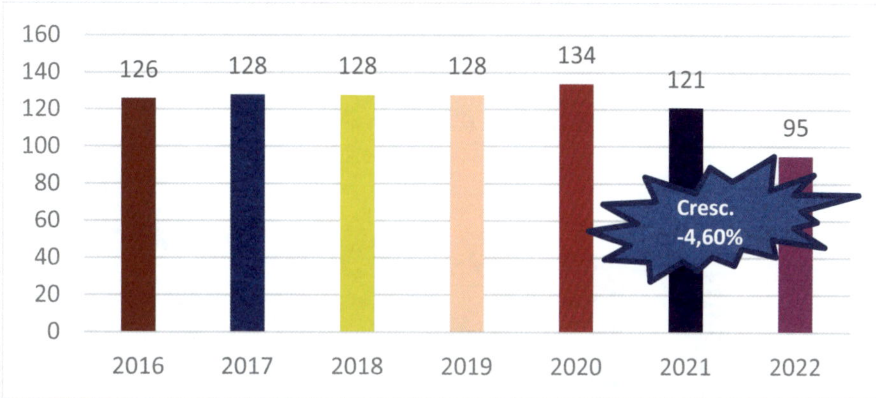

Fonte: OCERGS, (2017, 2018, 2019, 2020, 2021b, 2022 e 2023).

O crescimento do número de cooperativas influencia positivamente nas oportunidades de trabalho. Os empregos diretos vinham aumentando, até 2020, houve uma recuada em 2021 e voltou a crescer em 2022. Analisando o período de 2016 a 2022, houve crescimento de 4,16%.

Gráfico 12: Cooperativismo Gaúcho Agropecuário empregos diretos (em mil), 2016 - 2022

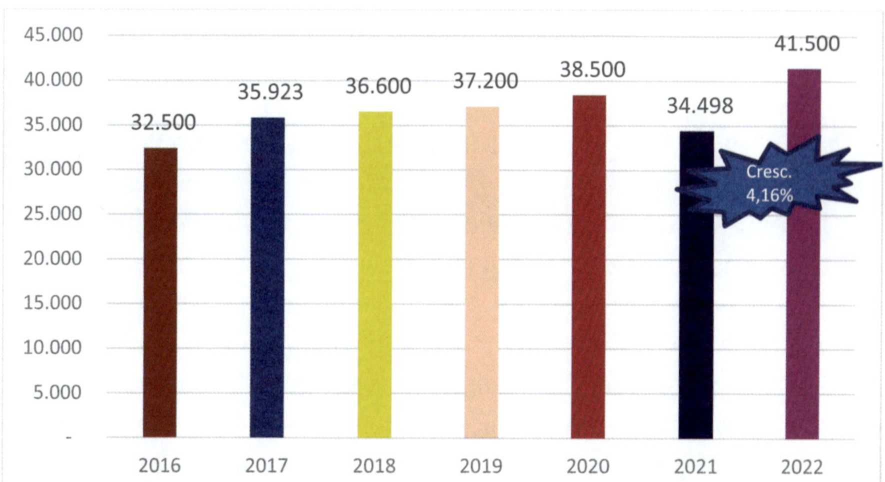

Fonte: OCERGS, (2017, 2018, 2019, 2020 e 2021b, 2022 e 2023).

O número de associados vinha em uma crescente de 2016 até 2018 e depois houve uma diminuição de 2019 a 2022, o que resultou em um decréscimo de 1,92% de 2016 a 2022 de -1,92%.

Gráfico 13: Cooperativismo Gaúcho Agropecuário associados (em milhões), 2016 - 2021

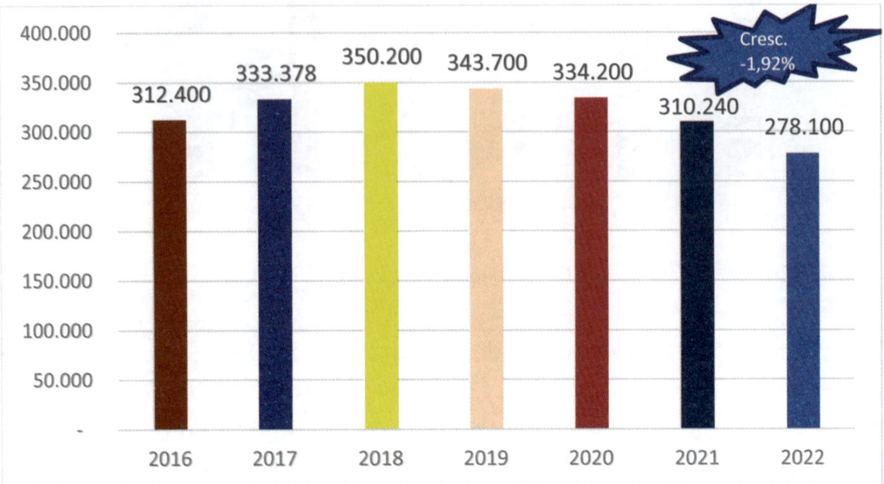

Fonte: OCERGS, (2017, 2018, 2019, 2020, 2021b, 2022 e 2023).

Sendo assim, percebe-se que apesar dos indicadores de desempenho “número de cooperativas” e “associados” terem recuado, o indicador “empregos diretos” cresceu.

2.1.4. COOPERATIVISMO COMO MODELO DE DESENVOLVIMENTO SUSTENTÁVEL

A Comissão Europeia entende que as cooperativas têm a tradição de combinar viabilidade econômica (sustentabilidade) com responsabilidade social (identidade cooperativa) por meio de diálogo e da gestão participativa (PEZZINI, 2006). Na literatura foi encontrada a ligação entre os termos “sustentabilidade” e “identidade cooperativa”, conforme Araya *et al*. (2014). Os dois conceitos estão se entrelaçando e os autores entendem que essa interseção conceitual gera como resultado prático, crescimento organizacional e rentabilidade em longo prazo.

Integrando os conceitos surge a “sustentabilidade cooperativa”, vital para garantir a construção da nação na promoção plena do desenvolvimento econômico, ambiental e social, incluindo mulheres, jovens, idosos e pessoas com deficiência (NAÇÕES UNIDAS, 2015).

Na promoção do desenvolvimento das nações, foi criado os ODS (Objetivos do Desenvolvimento Sustentável). E tendo em vista a busca para o alcance dos Objetivos do Desenvolvimento Sustentável (ODS), foi estabelecida a Agenda 2030 da ONU, que destaca o papel das cooperativas em combater a fome, alcançar a segurança alimentar e melhorar as questões nutricionais no mundo, por meio da produção agropecuária sustentável (OCB, 2022c).

Também foi destaque o cooperativismo durante a última Conferência das Nações Unidas sobre a Mudança do Clima (COP26), no painel "Cooperativismo como ferramenta para a economia de baixo carbono", que apresentou o cooperativismo no centro dessa agenda, com exemplos práticos de que é possível aliar produtividade e desenvolvimento com responsabilidade social, equilíbrio ambiental e viabilidade econômica (OCB, 2022c).

Para o Brasil se manter assim, é necessário um ambiente favorável a fim de aproveitar o grande potencial do país, como liderança global na transição para uma economia verde. O caminho é avançar no Plano Setorial de Mitigação e de Adaptação às Mudanças Climáticas (Plano ABC+), na efetivação completa do Código Florestal e no avanço das políticas de pagamento por serviços ambientais e instrumentos econômicos (OCB, 2022c).

Além disso, é primordial que o governo valorize o papel da produção brasileira, em especial, das cooperativas agropecuárias com a manutenção e o fortalecimento da atual arquitetura da política agrícola, a garantia de recursos para o seguro rural, as políticas de compras públicas da agricultura familiar e com maior investimento público em pesquisa agropecuária, tendo em vista a diminuição de eventuais distorções e falhas de mercado. Em meio a grandes desafios relacionados à infraestrutura e a logística de escoamento de alimentos e demais produtos para a população brasileira e mundial, também se destaca o cooperativismo como modelo viável para equacionar as atuais assimetrias na precificação e no custo do transporte de cargas do país (OCB, 2022c).

A fim de alcançar o cooperativismo como modelo econômico de desenvolvimento sustentável, a Organização das Cooperativas Brasileiras

(OCB, 2022c) propõe as seguintes ações, que estão sendo implementadas, mas ainda não há informações dos seus resultados. São elas:

- **Segurança alimentar, combate à fome e agregação de valor à produção**: a fim de alcançar esse objetivo, são sugeridas algumas ações:

Realçar o papel da produção brasileira:

Estimular maior conhecimento da sociedade brasileira e da comunidade internacional sobre as características, o potencial e as contribuições do agro, em especial, das cooperativas para a segurança alimentar e combate à fome no Brasil e no mundo. Visando o atingimento dos Objetivos de Desenvolvimento Sustentável (ODS) estabelecidos pela ONU, acredita-se ser crucial o fomento e a valorização da imagem da produção brasileira como elemento basilar para a abertura de espaços de diálogo, de empatia e de troca de informações seguras e de qualidade sobre o agro.

Valorizar a política de crédito rural:

Fortalecer a atual política de crédito rural voltada aos produtores rurais e cooperativas agropecuárias, garantindo volume de recursos e taxas de juros compatíveis com o retorno das atividades no meio rural. Em razão da volatilidade da inflação e da Taxa Selic, que em momentos de alta podem inviabilizar o acesso aos títulos privados, o crédito rural oficial tem um papel ainda mais valoroso, de forma a dar previsibilidade e segurança à cadeia produtiva ao assegurar o financiamento da safra. Outro ponto importante é a valorização do papel das cooperativas como beneficiárias do crédito rural em função do seu modelo societário, estando o cooperado plenamente amparado ao acesso dessa política pública pela Constituição Federal.

Estímular a agricultura familiar e o cooperativismo:

Garantir - em regulamentações e na Lei Orçamentária Anual - a continuidade das políticas de compras governamentais da agricultura familiar, especialmente do Programa Nacional de Alimentação Escolar (PNAE), do Programa Alimenta Brasil (PAB) e das demais modalidades de contratação pública com foco no fomento à produção sustentável, ao processamento e industrialização de alimentos e na valorização do papel das cooperativas como instrumentos de geração de economia de escala e de agregação de valor à produção de pequenos produtores rurais.

Recursos para o seguro rural e a gestão de riscos:

Instituir - em regulamentações e na Lei Orçamentária Anual - a garantia de recursos adequados e a previsibilidade no cronograma de liberação do Programa de Subvenção ao Prêmio do Seguro Rural (PSR), por meio de um planejamento de longo prazo, que considere o calendário agrícola. A contratação do seguro rural deve ser garantida com subvenção do PSR em períodos estratégicos, tais como: o momento em que o produtor está comprando os insumos ou contratando o financiamento de pré-custeio. Além disso, deve ser avaliada a regulamentação do Fundo de Catástrofe (LC 137/2010) para dar estabilidade e reduzir os riscos sistêmicos, bem como a implementação de medidas que estimulem a contratação de seguro agrícola, contribuindo para ampliar a cobertura em relação à área plantada no país.

Garantir regularidade do abastecimento:

Assegurar recursos suficientes e tempestivos para a operacionalização dos instrumentos da Política de Garantia de Preços Mínimos (PGPM) e aprimorar, por meio de regulamentação, os mecanismos adotados na comercialização da produção agrícola por intermédio do poder público, tais como: o Prêmio Equalizador Pago ao Produtor (PEPRO), a Aquisição do Governo Federal (AGF) e o Prêmio para Escoamento de Produtos (PEP), inclusive no que diz respeito à burocracia operacional desses programas.

Fomentar a pesquisa agropecuária brasileira:

Elevar os níveis de investimento público em pesquisa agropecuária, em patamares equivalentes aos dos principais *players* do mercado internacional, por meio da Embrapa, de universidades e de outros centros de pesquisa, aperfeiçoando as ferramentas de gestão de órgãos públicos e fortalecendo as parcerias público-privadas, inclusive com cooperativas agropecuárias, com o fomento de estudos que efetivamente contribuam para o maior desenvolvimento, sustentabilidade e competitividade do setor agropecuário.

Fortalecer a cadeia de suprimentos:

Promover o planejamento do setor de fertilizantes e defensivos nas próximas décadas, de forma a garantir um ambiente de segurança de fornecimento de insumos para a produção nacional. Como importante elo na transferência de tecnologias, na armazenagem e no suprimento de insumos para produtores rurais de todo o país, as cooperativas agropecuárias são atores estratégicos na implementação do Plano Nacional de Fertilizantes (PNF) e têm se debruçado na busca de soluções efetivas para dirimir possíveis lacunas da cadeia de suprimentos e a diminuição da dependência de produtos internacionais. Além disso, a realização de novas parcerias internacionais, como no caso do Canadá e de países árabes, e a intensificação de estudos voltados à produção de biofertilizantes também estão na agenda.

Escoar a produção via cooperativas de transporte:

Fomentar o cooperativismo como modelo viável para equacionar as atuais assimetrias na precificação e no custo do transporte rodoviário de cargas do país, a partir de uma visão de equilíbrio entre cooperativas agropecuárias e de transportes. Além disso, é necessário ampliar a participação do cooperativismo no Fórum Permanente para o Transporte Rodoviário de Cargas (Fórum TRC) e em outros espaços de construção e implementação de políticas públicas para o desenvolvimento do setor. Como exemplo, cita-se o interesse das cooperativas de transportes em participar e contribuir com o poder público nos projetos-piloto para aferição do Documento Eletrônico de Transporte (DT-e), que deverá ser implantado pelo Governo Federal nos próximos anos.

Proporcionar a conectividade no campo e Agro 4.0:

Instituir - em regulamentações e na Lei Orçamentária Anual - a garantia e os recursos adequados para a devida implementação da política de conectividade no campo. Segundo o último Censo Agropecuário (IBGE, 2017), 71,8% das propriedades rurais do país não possuem acesso à internet. Nesse contexto, pela sua abrangência e capilaridade, as cooperativas são peças fundamentais, como arranjo produtivo viável para impulsionar a conectividade no interior, desde que haja condições de financiamento a custo acessível e um ambiente regulatório favorável. Como um importante avanço recente, a Lei 14.109/2020 permite que recursos represados do Fundo de Universalização dos Serviços de Telecomunicações (FUST) possam ser utilizados como linhas de crédito, investimentos estatais ou garantia para projetos do setor.

- **Transição para uma economia de baixo carbono:**

Fortalecer o cooperativismo no Plano ABC+:

Valorizar, cada vez mais, o cooperativismo como arranjo produtivo apropriado para a disseminação de tecnologias abrangidas pelo Plano Setorial de Mitigação e de Adaptação às Mudanças Climáticas para a Consolidação de uma Economia de Baixa Emissão de Carbono na Agricultura (Plano ABC+), plano a ser executado entre 2020 e 2030. Como exemplo, é possível citar as diversas iniciativas de sucesso vivenciadas no âmbito da política pública pelas cooperativas em iniciativas de recuperação de pastagens degradadas e de conservação ambiental, como no caso do fomento e da disseminação de sistemas de Integração Lavoura-Pecuária-Floresta (ILPF), de Sistemas Agroflorestais (SAFs), de técnicas como o plantio direto, de fixação biológica de nitrogênio, dentre outros. Ainda no escopo do Plano ABC+, as cooperativas são protagonistas no tratamento de dejetos animais e de resíduos da agroindústria para a redução de emissão de metano, na produção de adubo orgânico e na geração de energia limpa por meio da biomassa, de forma a contribuir com o país a cumprir o compromisso assumido na COP26 de redução da emissão de gás metano em 30% até 2030.

Pagar por Serviços Ambientais e demais instrumentos econômicos:

Regulamentar a Lei 14.119/2021 que institui a Política Nacional de Pagamento por Serviços Ambientais (PNSA), com o devido reconhecimento do fomento às iniciativas de preservação e recuperação ambiental realizadas pelos produtores rurais e cooperativas. Também, no âmbito da regulamentação, é necessário instituir mecanismos de monitoramento e transparência que propiciem um ambiente favorável no país à injeção de investimentos no setor. Para isso, é pertinente utilizar como referência a experiência de estados que já puseram em prática a PNSA, analisando as melhores práticas para a regulamentação federal. Adicionalmente, acredita-se que a emissão de títulos verdes (*green bonds*) e de certificados de serviços ambientais podem colaborar decisivamente para aumentar o interesse de pessoas e instituições por projetos sustentáveis. Para tanto, recomenda-se que o poder público adote a lógica de estímulo a medidas de proteção e de promoção da qualidade do meio ambiente para títulos verdes e certificados que não se restrinjam apenas ao viés repressivo e punitivista.

Cadastrar no CAR Dinamizado possibilita a efetivação completa do Código Florestal:

Em todas as Unidades da Federação, os procedimentos necessários quanto ao Cadastro Ambiental Rural (CAR) possibilita também a implantação do Programa de Regularização Ambiental (PRA), de acordo com a realidade e as características de cada estado. Recentemente, o Serviço Florestal Brasileiro (SFB) lançou a ferramenta do CAR Dinamizado, que utiliza mecanismos de sensoriamento remoto para aumentar a velocidade da análise dos cadastros. O sistema cooperativista apoia a iniciativa e considera importante a implantação da ferramenta do CAR Dinamizado, desde que feita de forma responsável, com previsibilidade e sem gerar insegurança jurídica aos produtores, de modo a colocar em plena aplicação as diretrizes do Código Florestal e fortalecer o combate irrestrito ao desmatamento ilegal no país.

Regulamentar o mercado de carbono:

Assegurar a adequada implementação do mercado de carbono no país, sendo o cooperativismo um dos atores-chave para acelerar o atingimento da meta de neutralidade de emissões de CO^2 na economia brasileira. Defende-se que o novo marco regulatório seja atrativo economicamente para impulsionar cada vez mais iniciativas que promovam o sequestro de carbono, bem como os empreendimentos que necessitem neutralizar suas emissões. Para isso, é necessário o desenvolvimento de políticas públicas que permitam governança adequada, que compreendam e valorizem a rastreabilidade de boas práticas de todos os elos da cadeia produtiva, que adotem metodologias de quantificação aderentes à realidade brasileira e tragam transparência para o mercado regulado e para o mercado voluntário de carbono. Além disso, é necessário viabilizar o acesso facilitado aos recursos nacionais e internacionais para projetos ambientais localizados em áreas públicas ou em propriedades privadas de forma a reconhecer a adição do sequestro de carbono na recuperação e no enriquecimento das Áreas de Preservação Permanente (APP) e das Reservas Legais (RL) como ativos a serem valorizados.

Valorizar o Selo Biocombustível Social (SBS):

Manter e aprimorar o programa Selo Biocombustível Social (SBS) com foco na organização da cadeia produtiva da agricultura familiar por meio do cooperativismo. O SBS é uma política pública desenvolvida pelo Ministério da Agricultura que visa fomentar a aquisição de matérias-primas da agricultura familiar para a produção de biocombustíveis. O selo auxilia tanto a sustentabilidade, como a inclusão produtiva e social dos agricultores familiares, fornecedores de matéria-prima para a produção de biocombustíveis. As cooperativas agropecuárias são peças fundamentais para a instrumentalização do programa por meio da criação de condições para a comercialização da produção dos cooperados, em volume e qualidade, para as empresas de biodiesel. Em contrapartida, recebe apoio para que possa disponibilizar assistência técnica adequada e direcionada aos seus produtores.

Fomentar a sustentabilidade nas cooperativas da pequena mineração:

Por meio do Acordo de Cooperação Técnica assinado entre o Sistema OCB e o Ministério de Minas e Energia (MME) e da efetiva estruturação da Agência Nacional de Mineração (ANM), incentivar políticas públicas que aprimorem iniciativas de cooperativas como arranjo produtivo adequado para a preservação ambiental, proteção social e desenvolvimento da pequena mineração.

Estimular cooperativas a trabalhar com a economia circular e a logística reversa:

Incentivar o melhor aproveitamento dos recursos naturais com a utilização de insumos reciclados. Para isso, as cooperativas são atores-chave entre os diferentes elos da cadeia produtiva, a partir da coleta e beneficiamento de materiais recicláveis que seriam descartados, mas que podem ser utilizados em um novo ciclo. Para o sucesso da iniciativa, cabe ao setor público construir políticas de fomento que tornem mais atrativa a utilização da matéria-prima reciclada, em detrimento da matéria-prima virgem. Além disso, é necessário desenvolver programas que enfatizem o papel do cooperativismo de reciclagem como parceiro das diversas cadeias do setor produtivo na implementação de programas de logística reversa.

Incentivar o cooperativismo na Política Nacional de Resíduos Sólidos:

Efetivar e cumprir a Política Nacional de Resíduos Sólidos (PNRS) no que tange o incentivo ao desenvolvimento do cooperativismo de reciclagem, de maneira a fomentar a participação do modelo de negócios na coleta seletiva e na construção de políticas públicas que induzam e facilitem o aprimoramento da infraestrutura física e da aquisição de equipamentos necessários à consecução do trabalho realizado pelos associados às cooperativas.

CAPÍTULO III

PROCEDIMENTOS METODOLÓGICOS

Nesta seção são descritos os procedimentos metodológicos aplicados para o desenvolvimento deste livro, a partir da delimitação da pesquisa e do objeto de estudo. Também é relatada a estratégia de pesquisa, o universo e a amostra da população estudada e as técnicas de coleta e de análise dos dados.

3. DELIMITAÇÃO DA PESQUISA

Com o objetivo de descrever as práticas de ESG adotadas pelas cooperativas agropecuárias gaúchas, este estudo se caracteriza como exploratório, descritivo e transversal, utilizando a abordagem de métodos mistos.

De acordo com Matar (2014), a pesquisa de natureza exploratória busca promover maior conhecimento sobre o problema de pesquisa, sendo apropriada para estudos em que o conhecimento e a compreensão do fenômeno são insuficientes ou inexistentes. Também é descritivo, pois apresenta um enfoque detalhado das características do fenômeno (GIL, 2008). Além disso, este estudo é considerado transversal, visto que envolve a coleta e a análise de diversas variáveis da amostra de elementos da população em determinado momento histórico (MALHOTRA, 2001).

Quanto à abordagem, este estudo se caracteriza como misto, incorporando técnicas qualitativas e quantitativas. A pesquisa de métodos mistos propõe a combinação quali-quanti para a coleta de dados, visando, dessa forma, expandir os achados dos dois métodos (CRESWELL; CLARK, 2007). Desse modo, o estudo foi realizado em duas etapas distintas nas estratégias metodológicas e alinhadas com os objetivos estabelecidos inicialmente.

A pesquisa qualitativa tem como objetivo a compreensão e a reconstrução da realidade, especialmente para compreender a motivação, a explicação e a interpretação das ações (NEVES; CORRÊA, 1998).

Já a pesquisa quantitativa representa, em princípio, a intenção de garantir a precisão numérica dos resultados, evitar distorções de análise e interpretação, possibilitando maior margem para inferências (RICHARDSON, 1999).

Na primeira etapa do estudo, foi assumido um caráter exploratório, quantitativo e qualitativo, para as fases de revisão da literatura, de aplicação do questionário piloto e da entrevista com dirigentes de três cooperativas.

Para o levantamento teórico, procedeu-se a revisão bibliográfica que consiste em organizar, lincar e resumir as principais obras existentes, abrangendo o espectro de literatura relevante em uma área, tema ou assunto. As revisões da literatura podem indicar as tendências e procedimentos metodológicos mais utilizados na área (VOSGERAU; ROMANOWSKI, 2014, p.167).

Com base no referencial teórico, foi construído um instrumento – pré-teste ou questionário piloto – estruturado em seis partes, são elas: Ambiental (E), Social (S), Governança (G), Econômico (E), Cooperativismo, ODS (Objetivos do Desenvolvimento Sustentável). Essas seis dimensões contêm perguntas abertas e fechadas, que totalizaram 143 questões.

Quanto ao questionário estruturado, os autores Marconi e Lakatos (1996, p. 88) definem que é uma "[...] série ordenada de perguntas, respondidas por escrito". Ele pode conter perguntas abertas e/ou fechadas. As abertas possibilitam respostas mais ricas e variadas e as fechadas maior facilidade na tabulação e análise dos dados (CERVO; BERVIAN, 2002).

As entrevistas não estruturadas foram direcionadas a três dirigentes de cooperativas do ramo agropecuário do cooperativismo, escolhidos intencionalmente, e envolveram questões abertas e se destinaram a suscitar concepções e opiniões dos participantes (CRESWELL, 2010). O objetivo era verificar se o instrumento elaborado responderia ao objetivo geral que era analisar as práticas de sustentabilidade ESG e suas relações com as diferentes medidas de desempenho das cooperativas agropecuárias do Rio Grande do Sul.

Após a conclusão dessa etapa, os três dirigentes entrevistados foram unânimes em afirmar que com esse instrumento seria possível identificar a associação entre as práticas de sustentabilidade ESG que as cooperativas agropecuárias gaúchas estão utilizando. Dentre as 149 questões propostas no questionário piloto, foram sugeridas modificações e eliminação de algumas questões, que foram ajustadas para a aplicação do questionário final, e que resultaram em 143 questões.

Na etapa seguinte, utilizou-se a abordagem quantitativa com a aplicação do questionário final. A fim de ilustrar a estrutura da pesquisa, a Figura 7 retrata a trajetória percorrida pela pesquisadora para atingir os objetivos de pesquisa propostos inicialmente.

Figura 7: Fases da pesquisa

Fase 1	Fase 2	Fase 3	Fase 4	Fase 5	Fase 6
Revisão da literatura Identificação da abordagem do tema da tese na literatura e proposição do modelo de pesquisa.	**Validação do modelo de pesquisa** Aplicação do pré-teste e entrevistas não estruturadas.	**Preparação do questionário final** Ajustes no questionário, conforme sugestões dos dirigentes.	**Coleta de dados** Aplicação do questionário para todas as cooperativas agropecuárias do Rio Grande do Sul.	**Análise e discussão dos resultados** Levantamento, análise e discussão dos resultados encontrados nos questionários.	**Fechamento** Destaque dos principais achados, limitações e sugestões de pesquisas futuras.
	Público-alvo: Dirigentes de três cooperativas.		**Público-alvo:** 96 cooperativas do ramo agropecuário do Rio Grande do Sul.		

Fonte: Elaborado pela Autora.

3.1. FASES DO DESENVOLVIMENTO

Essa fase inclui o levantamento bibliográfico, pré-teste, entrevista e questionário.

3.2. LEVANTAMENTO BIBLIOGRÁFICO

Essa etapa constituiu a seleção dos artigos, bem como o desenvolvimento do referencial teórico com base nos artigos consultados. As bases de dados utilizadas no estudo foram: Web of Science (de 1992 a 2023) e Google Acadêmico (de 2018 a 2023), conforme pode ser observado nas tabelas abaixo.

Tabela 1: Pesquisa *Web of Science*

Web of Science	Pesquisa	Categorias/ Títulos da publicação	Total de artigos	Total de artigos utilizados
ESG	Tópicos	*Business e Management*	547	22
ESG	Tópicos	Coop*	51	2
ESG Rating Agencies	Tópicos		73	19
ESG Environmental + Social + Governance	Tópicos	*Sustainability*	73	1
ESG indicators	Tópicos		35	6
TOTAL				**50**

Elaboração: Autora.

Tabela 2: Google Acadêmico

Google Acadêmico	Total	Utilizados
Práticas ESG em cooperativas	1240	35
ESG em cooperativas, sustentabilidade	681	19
TOTAL		**54**

Elaboração: Autora.

Observou-se que existe uma grande quantidade de artigos, entretanto a grande maioria dos artigos foi excluída por serem:

- Estudos específicos de apenas uma ou de duas dimensões ESG;
- Estudos voltados para bancos;
- Estudos voltados para a área financeira;
- Estudos de uma única agência de avaliação de investimentos;
- Estudos relativos à COVID-19;
- Estudos referentes a instituições públicas.

É importante observar que a grande parte da literatura não está voltada para o cooperativismo, que tem características específicas. Por isso, é importante salientar a escassez de estudos para cooperativas agropecuárias sobre práticas ESG. Existem estudos de caso em cooperativas ou em ramos específicos, como o crédito, mas são poucos.

3.2.1. PRÉ-TESTE

Tendo como base o levantamento bibliográfico, foi contruído o pré-teste, que foi testado antes de sua aplicação para todas as cooperativas, como sugerem Gerhardt e Silveira (2009).

Para esse teste, foram escolhidos de forma intencional, dirigentes de três cooperativas do ramo agropecuário do estado, com os quais, através de uma conversa, foi solicitado o preenchimento das questões do pré-teste, que foram disponibilizadas através do seguinte link de acesso *online*: https://onlineip.com.br/clientes/akrug/.

O pré-teste foi enviado em 31 de agosto de 2022, e o último pré-teste recebido em 29 de setembro de 2022. Posteriormente, foi realizada uma entrevista com os três dirigentes, conforme descrito a baixo.

3.2.2. ENTREVISTA

Após recebidas as respostas dos três dirigentes, houve um novo contato com eles, a fim de verificar como perceberam o questionário quanto à clareza das perguntas e das respostas objetivas e quanto a necessidade de inclusão, exclusão e/ou modificação das questões. O objetivo era verificar se o pré-teste responderia como analisar as práticas de sustentabilidade ESG e suas relações com os diferentes indicadores de desempenho das cooperativas agropecuárias do Rio Grande do Sul.

O término dessa etapa resultou na conclusão do questionário aplicado em todas as cooperativas agropecuárias no estado, conforme descrito a seguir.

3.2.3. QUESTIONÁRIO

O questionário foi composto por sete blocos/dimensões, que somaram 143 questões, divididas da seguinte forma: ambiental (37 questões), social (24 questões), governança (29 questões), econômico (7 questões), princípios do cooperativismo (22 questões), ODS (17 questões) e dados de identificação (7 questões).

Tabela 3: Questões do questionário

Nº	Blocos/Dimensões	Questões fechadas	Questões abertas	Nº de questões
1	Ambiental (*environmental*)	34	3	37
2	Social (*social*)	15	9	24
3	Governança (*governance*)	23	6	29
4	Econômico	3	4	7
5	Princípios do cooperativismo	8	14	22
6	ODS (Objetivos do Desenvolvimento Sustentável)	17	0	17
7	Dados de identificação	2	5	7
	TOTAL	**102**	**41**	**143**

Fonte: Questionário - Elaboração: Autora.

Dentre as 143 questões referentes aos sete blocos/dimensões, havia 102 questões fechadas e 41 questões abertas. Dessas sete dimensões, serão analisadas a dimensão ambiental, social, governança, econômico, princípios do cooperativismo e ODS.

Nas questões abertas, o entrevistado respondeu livremente da forma que desejou e nas questões fechadas, o entrevistado escolheu uma ou várias respostas objetivas, indicando aquela que melhor correspondia à realidade da cooperativa (GERHARDT; SILVEIRA, 2009).

Nas seis dimensões, excluindo os dados de identificação, as respostas fechadas e abertas foram transformadas em respostas escalonadas.

As respostas fechadas foram escalonadas da seguinte forma nas perguntas do questionário:

- Duas opções de respostas:
    - Sim =1
    - Não =0.
- Três opções de respostas em cada tipo de pergunta do questionário.
    - Sim = 1, parcialmente/em desenvolvimento = 0,5 e não = 0;

    - Acima do mercado = 1, de acordo = 0,5 e abaixo do mercado = 0;
    - Conhecida e reconhecida = 1, parcialmente = 0,5 e não é conhecida e reconhecida = 0;
    - Semestral = 1, anual = 0,5 e não existe = 0.
- Múltipla escolha:
    - Não recebe = 0,
    - De 1 a 2 benefícios = 0,25,
    - De 3 a 4 = 0,5,
    - De 5 a 6 = 0,75
    - 7 ou mais = 1.

Os benefícios da pergunta de múltiplas escolhas eram os seguintes: vale alimentação, assistência médica, assistência odontológica, auxílio educação, auxílio creche, academia, sala de jogos.

- Mais de quatro opções de respostas:
    - Até 5 anos = 0,25, de 6 a 10 anos = 0,5, de 11 a 15 anos = 0,75 e acima de 15 anos = 1;
    - Até 25% = 0,25; acima de 25% até 50% = 0,50, acima de 50% até 75% = 0,75, acima de 75%, não houve = 0;
    - 0 = 0, 1 a R$ 500 mil = 0,25, maior que R$ 500 mil até 5 milhões = 0,5, maior que R$ 5 milhões e menor ou igual a R$ 10 milhões = 0,75, acima de R$ 10 milhões = 1.

As respotas abertas foram escalonadas da seguinte forma:

- Investimento em patentes: Sim = 1, parcialmente/em desenvolvimento = 0,5, não = 0.
- Projetos ambientais: 0 = 0, 1 a 2 = 0,25, 3 a 4 = 0,5, 5 a 6 = 0,75, 7 ou mais = 1.
- Percentual sobre o consumo de água/Percentual de sócios homens/Percentual de participação no mercado regional/Percentual dos associados que participam das assembleias: 0 = 0, 1 a 25 = 0,25, 26 a 50 = 0,50, 51 a 75 = 0,75, 76 ou mais = 1.

- Projetos sociais/Número de conselheiros de administração/Número de homens que fazem parte do conselho de administração: 0 = 0, 1 a 10 = 0,25, 11 a 20 = 0,5, 21 a 30 = 0,75, 31 ou mais = 1.
- Percentual de sócias mulheres: 0 = 0, 1 a 10 = 0,25, 11 a 20 = 0,5, 21 a 30 = 0,75, 31 ou mais = 1.
- Percentual de colaboradores homens/Percentual de sócias mulheres/Percentual de dirigentes homens/Percentual de dirigentes mulheres/Percentual de colaboradores com curso superior/Percentual destinado ao desenvolvimento de novos projetos/Percentual de reservas do patrimônio líquido/Percentual de empréstimos de instituições financeiras: 0 = 0,1 a 25 = 0,25, 26 a 50 = 0,5, 51 a 75 = 0,75, 76 ou mais = 1.
- Número de benefícios que os colaboradores recebem/Número de mulheres que fazem parte do conselho de administração: 0 = 0, 1 a 2 = 0,25, 3 a 4 = 0,5, 5 a 6 = 0,75, 7 = 1.
- Tempo médio em que o diretor executivo ou superintendente ou CEO ou gerente geral está no cargo: 0 = 0, até 5 = 0,25, de 6 a 10 = 0,5, de 11 a 15 = 0,75, acima de 15 = 1.
- Número de diretoras eleitas: 0 = 0, 1 a 3 = 0,25, 4 a 6 = 0,5, 7 a 9 = 0,75, 10 ou mais = 1.
- Número de diretores eleitos: 0 = 0, 1 a 6 = 0,25, 7 a 12 = 0,5, 13 a 18 = 0,75, 19 ou mais = 1.
- Valor dos impostos (R$): 0 = 0, 1 até 500 mil = 0,25, mais de 500 mil até 5 milhões = 0,5, mais de 5 milhões até 10 milhões = 0,75, acima de 10 milhões = 1.
- Investimentos (R$) na comunidade onde atua: 0 = 0, 1 até 10 mil = 0,25, mais de 10 mil até 100 mil = 0,5, mais de 100 mil até 200 mil, acima de 200 mil = 1.
- Número de sócios: 0 = 0, 1 até 20 mil = 0,25, mais de 20 mil até 40 mil = 0,5, mais de 40 mil até 60 mil = 0,75, acima de 60 mil = 1.
- Número de colaboradores: 0 = 0, 1 até 1.000 = 0,25, mais de 1.000 até 2.000 = 0,5, mais de 2.000 até 3.000 = 0,75, acima de 3.000 = 1.
- Valor das cotas-parte (R$) da cooperativa: 0 = 0, 1 até 500.000 = 0,25, mais de 500.000 até 5.000.000 = 0,5, mais de 5.000.000 até 10.000.000 = 0,75, acima de 10.000.000 = 1.

- Valor (R$) investido em educação e treinamentos/Valor (R$) investido em doações para instituições beneficentes: 0 = 0, 1 até 100 mil = 0,25, mais de 100 mil até 200 mil = 0,5, mais de 200 mil a 300 mil = 0,75, acima de 300 mil = 1.
- Número de organizações apoiadas e ajudadas pela cooperativa: 0 = 0, 1 a 10 = 0,25, mais de 11 até 20 = 0,5, mais de 20 até 30 = 0,75, mais de 30 = 1.

Assim se compôs a média aritmética por dimensão e por cooperativa, que variou de 0 a 1. Depois disso, foi estabelecida a média aritmética (0 a 1) de todas as cooperativas por cada uma das seis dimensões, sendo elas: ambiental, social, governança, princípios do cooperativismo, econômico e ODS.

O questionário foi disponibilizado de forma online no seguinte endereço: https://docs.google.com/forms/d/1b9NdM3EUL_2wh0kEPM500jVu-BiW-wm0oZ_Dslbk2Ek/edit?pli=1, iniciado em 3 de outubro e concluído em 29 de janeiro de 2023 (APÊNDICE 2).

Os dirigentes das cooperativas foram convidados a participar de duas formas: por e-mail e por telefone. Através do convite por e-mail foram obtidas 23 respostas e por telefone foram 66 respostas, totalizando 89 cooperativas de um universo de 96 cooperativas, o que representa 92,71% de respostas obtidas.

3.3. UNIVERSO DA PESQUISA

O público-alvo da pesquisa foram todas as cooperativas do Rio Grande do Sul integrantes do Sistema OCERGS/SESCOOP (98 cooperativas), Fecovinho (4 cooperativas), Fecolã (3 cooperativas), Unicafes (8 cooperativas), Fecoagro (32 cooperativas), Fearroz (8 cooperativas). Entretanto, desse montante, 45 cooperativas eram filiadas a mais de uma instituição, dentre as mencionadas acima, portanto foram contabilizadas apenas uma vez. Dessas 108 cooperativas 12 delas foram a autoliquidação e/ou não se conseguiu contato. Sendo assim, o escopo do estudo totalizou 96 cooperativas, como pode ser observado na tabela que segue.

Tabela 4: Universo da Pesquisa

Instituições Cooperativas	Total de Cooperativas por entidade	Cooperativas repetidas (constavam como integrante de mais de uma instituição)	Cooperativas que fecharam e que não se conseguiu contato	Total das cooperativas do estudo, excluindo as repetidas, fechadas e as que não se conseguiu contato
SESCOOP	98	0	9	89
FECOVINHO	4	4	0	0
FECOLÃ	3	1	1	1
UNICAFES	8	5	2	1
FECOAGRO	32	32	0	0
FEARROZ	8	3	0	5
				96

Fonte: Pesquisa - Elaboração: Autora.

3.4. COLETA DE DADOS

Com a intenção de obter maior rigor científico nos resultados encontrados, os dados deste estudo foram coletados a partir de diferentes instrumentos. A primeira parte do trabalho foi a pesquisa bibliográfica detalhada, que resultou no pré-teste. Depois, veio a entrevista que averiguou as adaptações necessárias a serem realizadas no questionário e por fim, o questionário disponibilizado a todas as cooperativas agropecuárias do Rio Grande do Sul..

Figura 8: Detalhamento da coleta dos dados

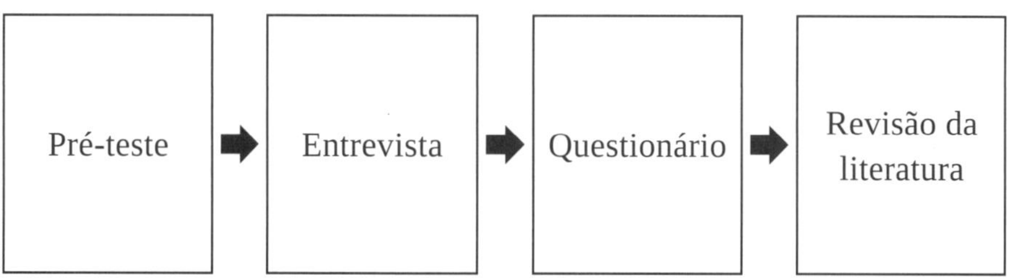

Elaboração: Autora.

O questionário foi validado por três dirigentes de cooperativas agropecuárias do estado do Rio Grande do Sul, que sugeriram alteração em 6 questões, resultando em um total de 143 perguntas. O questionário foi dividido em duas partes. A primeira seção referia-se a informações da cooperativa e a segunda seção ao perfil profissional.

CAPÍTULO IV

RESULTADOS E DISCUSSÃO

A pesquisa atingiu quase a totalidade do universo das cooperativas do ramo agropecuário do Estado, que somam 96 cooperativas e são integrantes dos Sistemas Sescoop, Fecovinho, Fecolã, Unicafes, Fecoagro e Fearroz. Dentre as 96 cooperativas convidadas a participar do estudo, 89 cooperativas responderam ao questionário, o que corresponde a 92,71% do universo cooperativo do agro do Rio Grande do Sul.

A partir da coleta e análise de dados, foram analisadas as práticas de sustentabilidade ESG e suas relações com as diferentes medidas de desempenho das cooperativas agropecuárias do Rio Grande do Sul. Para atingir esse objetivo geral, esperava-se alcançar outros três objetivos específicos nas cooperativas gaúchas do Estado, que são: identificar e caracterizar as práticas de ESG; verificar e mensurar como as práticas das dimensões ESG se relacionam com o desempenho econômico, os princípios cooperativistas e com os ODS; e analisar e aferir as práticas entre as dimensões de desempenho econômico, princípios cooperativistas e ODS. A seguir, descreve-se como foram tratados os dados e mais adiante apresenta-se os resultados encontrados.

4. TRATAMENTO DE DADOS

As perguntas do questionário foram divididas em dois tipos de respostas: abertas (permitem que o respondente dê sua opinião sem ser induzido, com opções preestabelecidas) e fechadas (são aquelas nas quais o respondente seleciona uma ou diversas alternativas dentre um conjunto de opções predefinidas). Nas questões fechadas havia três classificações diferentes de respostas (SAMPAIO, 2022):

- Dicotômicas: onde há duas opções, como sim/não (correspondendo a 1 e 0, respectivamente);
- Tricotômicas: com três alternativas do tipo sim/em desenvolvimento/não; sim/parcialmente/não; semestral/anual/não existe; conhecida e reconhecida/parcialmente/não é conhecida e reconhecida; acima do mercado/de acordo/abaixo do mercado (equivalendo a 1, 0,5 e 0, respectivamente);
- Múltipla escolha: há um número limitado de alternativas em que o respondente deve escolher uma ou mais alternativas. Deve compreender todas as possibilidades de respostas, como por exemplo: até 0,

de 1 a 5 anos/de 6 a 10 anos/de 11 a 15 anos/acima de 15 anos; não houve empréstimos/até 25%, acima de 25% até 50%, acima de 50% até 75% e acima de 75% (correspondendo a 0, 0,25, 0,5, 0,75 e 1).

Após a classificação de todas as respostas, foi calculada por cooperativa a média aritmética para cada uma das dimensões/variáveis (ambiental, social, governança, econômico, princípios do cooperativismo e ODS). Além das médias aritméticas, também foram identificados os valores mínimos e máximos das médias, bem como a distribuição das frequências das respostas.

Quanto à base de dados, é importante salientar que a média aritmética da cooperativa que respondeu zero em todas as perguntas da variável, permaneceu com média geral zero na dimensão.

Entretanto, as cooperativas que não responderam as perguntas, ficaram com média vazia, ou seja, sem resposta. A razão disso se deve ao fato de evitar erro na média aritmética geral na dimensão.

Após a análise por dimensão, foi calculada a média aritmética ESG, resultante da média aritmética ambiental, social e governança. Posteriormente, foram construídos gráficos das médias para as dimensões para melhor identificação visual dos resultados encontrados. Depois, foram realizadas as correlações entre as dimensões e analisadas as dispersões entre cada par de variáveis.

4.1. APRESENTAÇÃO DOS RESULTADOS

Os resultados serão apresentados para cada uma das seis dimensões: média aritmética, valor mínimo, valor máximo e distribuição das frequências. Também serão apresentados o índice ESG, as correlações e a análise de dispersão entre todas as variáveis, que são: ambiental, social, governança, desempenho econômico, princípios do cooperativismo e ODS.

4.2. AMBIENTAL

O indicador das 89 cooperativas do ramo agropecuário do estado do Rio Grande do Sul resultou na média aritmética de 0,51 (em um intervalo de 0 a 1) das 37 questões da variável ambiental. Esse indicador foi o menor dentre os fatores ESG e o terceiro menor dentre as seis dimensões analisadas no estudo (ambiental, social, governança, desempenho econômico e princípios do cooperativismo e ODS).

O valor mínimo da média aritmética identificada nas 89 cooperativas foi 0,01 e o valor máximo encontrado nas respostas das cooperativas foi 0,88, entre um intervalo de 0 a 1.

Na dimensão ambiental, as práticas mais adotadas nas cooperativas agropecuárias são: cumprir a legislação ambiental (0,88); seguir as leis, normas e regulamentos ambientais federais, estaduais e municipais (0,88); evitar danos ambientais (0,81); realizar a reciclagem, separação e/ou descarte correto dos lixos seco, orgânico e agrotóxico (0,75); reduzir e/ou evitar desperdícios (energia, água, e outros) (0,71).

Também foi realizada a distribuição de frequência, que é um método de agrupar dados em classes (PEREIRA; TANAKA, 1990). Assim sendo, conforme apresentado na Tabela 5, a distribuição das frequências foi dividida em cinco partes: zero (0 cooperativas); menor ou igual a 0,25 (16 cooperativas); maior que 0,25 e menor ou igual a 0,5 (23 cooperativas); maior que 0,5 e menor ou igual a 0,75 (36 cooperativas) e frequência maior que 0,75 (14 cooperativas), totalizando 89 ocorrências, que representa o total das cooperativas.

Isso significa que a distribuição das frequências se mostrou dispersa, entretanto, dentre a dispersão, o maior número de respostas está localizado entre 0,25 e 0,75, representando 59 cooperativas, o que corresponde a 66,29% do universo (Tabela 5). Isto quer dizer que as cooperativas possuem ações ambientais, sendo que a grande maioria tem mais de uma ação desenvolvida nesse sentido. As 16 cooperativas com menos práticas ambientais, são as que têm até 20 mil sócios e o faturamento delas é considerado alto para este estudo, maior que 5 milhões de reais/ano.

Tabela 5: Distribuição das frequências das respostas do questionário da pesquisa com as cooperativas agropecuárias gaúchas na dimensão ambiental

Mínimo	0,01
Máximo	0,88
Frequência de <= 0,25	16,00
Frequência de >0,25 a <=0,5	23,00
Frequência de >0,5 a <=0,75	36,00
Frequência de > 0,75	14,00
TOTAL	89,00

Fonte: Resultados da Pesquisa - Elaboração: Autora.

4.3. SOCIAL

Na dimensão social as 24 questões do questionário obtiveram média 0,59, segundo maior valor das médias aritméticas da dimensão ESG e segundo maior valor também das seis dimensões. O valor mínimo das cooperativas respondentes foi de 0,16 e o valor máximo encontrado foi 0,81, apontando uma grande variação nas respostas.

As principais práticas da dimensão social (0,59), identificadas nas cooperativas agropecuárias gaúchas são: respeitar a idade mínima do trabalho, que segundo a legislação é de 16 anos ou 14 anos, em caso de menor aprendiz (0,94); prezar pela diversidade nas equipes (gênero/ raça/ deficiência/orientação sexual/faixa etária) (0,94); maior percentual de dirigentes homens (0,93); manter boas condições de trabalho com ambiente iluminado, ventilado, limpo, com utilização de EPI (Equipamento de Proteção Individual), respeitando as normas de segurança de trabalho (0,88); proporcionar assistência técnica aos cooperados (0,83).

Quanto à distribuição das frequências, houve 2 cooperativas com média aritmética menor ou igual 0,25; 18 com média maior que 0,25 e menor ou igual a 0,5; 64 com média maior que 0,5 e menor ou igual a 0,75; e 5 com média maior que 0,75. A distribuição da dimensão social apesar de estar disposta em quatro classes, a classe que concentrou o maior número de cooperativas foi a escala com média maior que 0,5 e menor ou igual a 0,75. Ela totalizou 64 cooperativas, correspondendo a 71,91% (Tabela 6). Isso significa que as cooperativas, em sua maioria, desenvolvem práticas sociais na comunidade onde estão inseridas, pois elas nascem de um grupo de pessoas com o mesmo objetivo para alcançar melhores resultados financeiros, econômicos e consequentemente melhores condições de bem-estar social.

Na dimensão social era esperada média alta como resultado e de fato ocorreu. Foi a segunda mais alta média das seis variáveis, isso se explica, pois o modelo cooperativo apresenta como primeira finalidade o social, contribuindo para a construção dos processos que conduzem a uma condição de sustentabilidade por intermédio da promoção do desenvolvimento e melhoria da qualidade de vida no território onde atua, tornando-se agente de inovação e de transformação social (BAYAS, NORIEGA, 2019; FAJARDO, ROCHA, 2021).

Tabela 6: Distribuição das frequências das respostas do questionário da pesquisa com as cooperativas agropecuárias gaúchas na dimensão social

Mínimo	0,16
Máximo	0,81
Frequência de <= 0,25	2,00
Frequência de >0,25 a <=0,5	18,00
Frequência de >0,5 a <=0,75	64,00
Frequência de > 0,75	5,00
TOTAL	89,00

Fonte: Resultados da Pesquisa - Elaboração: Autora.

Nesse sentido, as cooperativas contribuem de diferentes formas para a construção das condições para a sustentabilidade no que concerne à dimensão social, como o combate à pobreza, a redução do desemprego, a promoção de melhoria da qualidade de vida e o alcance de modos de vida mais sustentáveis (SCHNEIDER, 2001; BAYAS, NORIEGA, 2019).

A construção da dimensão social dentro do modelo cooperativo permeia diferentes frentes de atuação, como a inclusão social, a não discriminação, a redução das desigualdades, o processo de construção e a consolidação das condições para a sustentabilidade (KURIMOTO, 2016).

4.4. GOVERNANÇA

Dentre todas as dimensões, a governança foi a que atingiu maior média aritmética, representando 0,60, o que equivale a dizer que entre as três dimensões ESG, as cooperativas têm mais práticas de governança, do que práticas sociais (0,59) e ambientais (0,51). Os resultados confirmaram o esperado, que as práticas de governança e sociais seriam as de maior expressão nas cooperativas agropecuárias gaúchas.

O questionário trouxe 29 questões sobre governança, sendo que o valor mínimo encontrado foi 0,13 e o valor máximo foi 0,88. Nessa dimensão houve 188 respostas das cooperativas; entretanto, uma das cooperativas não respondeu a nenhuma questão sobre governança, zerando sua média e ficando, portanto, essa cooperativa, de fora da média aritmética geral das demais.

As principais práticas de governança (0,60) destacadas no estudo são: manter boa relação com órgãos dos governos federal, estadual e municipal (0,96); ter os responsáveis pela gestão executiva (diretor(es) executivo(s), superintendente(s), CEO(s), gerente(s) geral(is)) contratados (0,89); administrar bem os conflitos de interesse entre as partes interessadas da cooperativa (0,89); conhecer bem o negócio da cooperativa e vivenciar na prática o agronegócio cooperativo, a gestão e a governança por parte dos conselheiros e diretores (0,86); apresentar valores sustentáveis na visão, missão, valores e na estratégia da cooperativa (0,82).

Com relação à distribuição das frequências, as respostas foram esparsas. Houve 4 cooperativas que obtiveram média menor ou igual à 0,25; 15 com médias maiores que 0,25 e menor ou igual a 0,50; 58 com média maior que 0,50 e menor ou igual a 0,75; e 11 cooperativas com média maior que 0,75. Na governança ocorreram maiores frequências nas classes: maior que 0,5 e menor ou igual a 0,75 (58) e maiores que 0,75 (11), que juntas totalizaram 69 cooperativas. Elas representaram 78,41% das cooperativas agropecuárias gaúchas que afirmaram ter adotado 50% ou mais das práticas de governança.

Tabela 7: Distribuição das frequências das respostas do questionário da pesquisa com as cooperativas agropecuárias gaúchas na dimensão governança

Mínimo	0,13
Máximo	0,88
Frequência de <=0,25	4,00
Frequência de >0,25 a <=0,5	15,00
Frequência de >0,5 a <= 0,75	58,00
Frequência de > 0,75	11,00
TOTAL	88,00

Fonte: Resultados da Pesquisa - Elaboração: Autora.

O resultado de que todas as cooperativas agropecuárias gaúchas que responderam à dimensão adotam alguma prática de governança, é inédito nos estudos existentes. Em outro estudo realizado em 2019 nas cooperativas gaúchas dos antigos treze ramos do cooperativismo (agropecuário, consumo, crédito, educacional, especial, turismo e lazer, habitação, infraestrutura, mineral, produção, saúde, transporte e trabalho), apenas 47,92% das cooperativas adotavam a governança corporativa (KRUG, 2019). Apesar desse estudo se referir a todos os ramos, ainda assim é uma mudança muito positiva nas cooperativas, pois demonstra maior preocupação por parte da administração com o direcionamento e o monitoramento da gestão.

Conforme o referencial teórico, a Governança Corporativa é o conjunto de boas práticas que aumenta a confiança dos *stakeholders* (associados, fornecedores, colaboradores e todas as partes interessadas) perante os gestores da cooperativa (IBGC, 2015).

E como as boas práticas da governança estão baseadas em princípios, é interessante chamar a atenção para o fato de que todos os princípios, tanto os quatro da governança corporativa, quanto os cinco da governança cooperativa obtiveram médias altas.

Na governança corporativa (IBGC, 2015), as práticas cooperativas que se destacaram com médias altas, foram os princípios transparência (0,84) e equidade (0,82), conforme se pode verificar abaixo e no Gráfico 14:

- Transparência (0,84);
- Equidade (0,82);
- Prestação de contas (0,60);
- Responsabilidade corporativa (0,76).

Gráfico 14: Princípios da Governança Corporativa

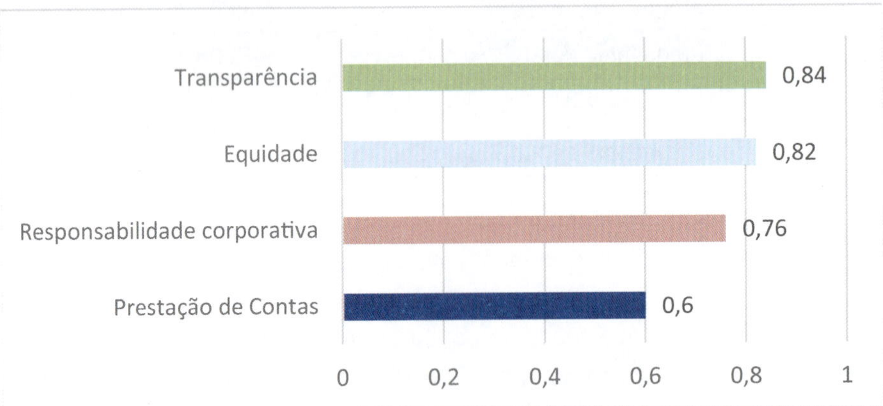

Fonte: Resultado da Pesquisa - Elaboração: Autora.

Na governança cooperativa (BC, 2008), as práticas que se destacaram com médias altas foram os princípios da transparência (0,84) e senso de justiça (0,82), conforme se pode verificar abaixo e no Gráfico 15:

- Autogestão (0,76);
- Senso de justiça (0,82);
- Transparência (0,84);
- Educação (0,65);
- Sustentabilidade (0,79).

Gráfico 15: Princípios da Governança Cooperativa

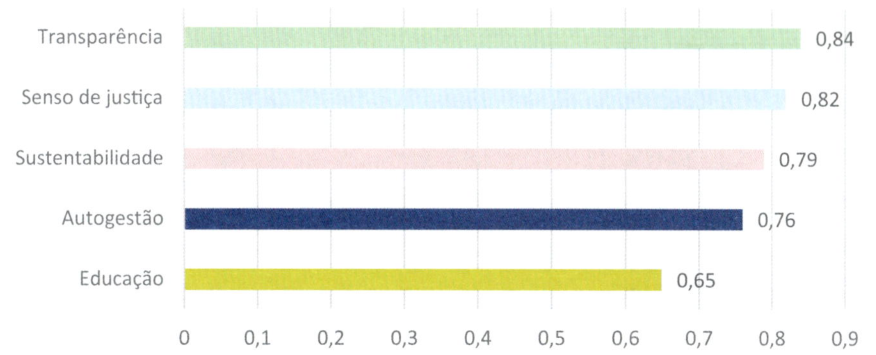

Fonte: Resultados da Pesquisa Elaboração: Autora.

4.5. ECONÔMICO

A dimensão em questão foi composta por 7 perguntas, com média aritmética 0,47 e essa foi a segunda menor média do estudo entre as demais cinco dimensões (ambiental, social, governança, princípios do cooperativismo e ODS). Apesar de ser uma das menores médias, ainda assim, a correlação foi positiva entre a variável econômica e todas as demais variáveis, como se pode verificar no subcapítulo correlação das variáveis, que vem a seguir.

Foram obtidas 88 respostas, pois uma das cooperativas não respondeu a nenhuma das questões dessa dimensão. O valor mínimo encontrado foi 0,10 e o valor máximo foi 0,92, apresentando uma grande amplitude nas respostas dos dirigentes das cooperativas.

Quanto às frequências, se distribuíram da seguinte forma: 7 cooperativas obtiveram média menor ou igual à 0,25; 50 delas apresentaram média maior que 0,25 e menor ou igual a 0,50; 28 apareceram com média maior que 0,50 e menor ou igual a 0,75; e 3 com média maior que 0,75. A distribuição das frequências ocorreu nas quatro classes, mas aqui houve maior concentração entre as médias maiores que 0,25 e menores ou iguais a 0,50 (50) e média maior que 0,50 e menor ou igual a 0,75 (28), indicando que as cooperativas agropecuárias gaúchas (Tabela 8) têm práticas econômicas, algumas mais e outras menos.

Tabela 8: Distribuição das frequências das respostas do questionário da pesquisa com as cooperativas agropecuárias gaúchas na dimensão econômica

Mínimo	0,10
Máximo	0,92
Frequência de <=0,25	7,00
Frequência de >0,25 a <=0,5	50,00
Frequência de >0,5 a <= 0,75	28,00
Frequência de > 0,75	3,00
TOTAL	88,00

Fonte: Resultados da pesquisa - Elaboração: Autora.

4.6. PRINCÍPIOS DO COOPERATIVISMO

A dimensão foi composta por 22 questões e essa foi a dimensão que – surpreendentemente – apresentou menor média aritmética dentre as seis dimensões do estudo, resultando em 0,27, como indicador dessa variável. A média mínima foi 0,07 e a máxima ficou em 0,59, um pouco mais que a metade do total que é 1, portanto, sem muita amplitude nas respostas.

Diferente do esperado, o resultado de menor média das dimensões foi encontrado na dimensão princípios do cooperativismo, talvez pelo fato dos princípios estarem intrínsecos nas ações das cooperativas e não dissociados. As cooperativas percebem os princípios como parte da cultura organizacional, não os levando em consideração nas ações cotidianas das práticas cooperativas.

A distribuição das frequências ficou da seguinte forma: 42 cooperativas obtiveram média menor ou igual a 0,25; 40 cooperativas tiveram médias acima de 0,25 e abaixo ou igual a 0,50; 5 cooperativas tiveram média acima de 0,50 e abaixo ou igual a 0,75; nem uma cooperativa ficou com média acima de 0,75; e 2 cooperativas não responderam. Assim, a maior concentração das respostas está na média até 0,50, correspondendo a 94,25% (82 cooperativas) das 87 cooperativas que responderam a essa dimensão (princípios do cooperativismo). Isso significa que as cooperativas desenvolvem alguma(s) prática(s) voltada(s) aos princípios cooperativistas (Tabela 9), mas não é o principal foco das ações.

Tabela 9: Distribuição das frequências das respostas do questionário da pesquisa com as cooperativas agropecuárias gaúchas na dimensão princípios do cooperativismo

Mínimo	0,07
Máximo	0,59
Frequência de <=0,25	42,00
Frequência de >0,25 a <=0,5	40,00
Frequência de >0,5 a <= 0,75	5,00
Frequência de > 0,75	0,00
TOTAL	87,00

Fonte: Resultados da Pesquisa - Elaboração: Autora.

O cuidado com as pessoas, o respeito ao meio ambiente e a boa governança são partes indissociáveis do modelo de negócios que está nos princípios, como compara a superintendente do Sistema OCB, Tania Zanella (G1, 2022).

Débora Ingrisano, gerente de desenvolvimento do Sescoop, analisa que o ESG não é passageiro. "O mercado financeiro assumiu protagonismo e está criando regras relacionadas ao assunto, priorizando investimentos em fundos com selo ESG e isso movimenta a economia nacional e internacional. Essa visão de impacto dos negócios tem tudo a ver com as cooperativas", pontua ela (G1, 2022).

4.7 ODS

No questionário aplicado aos dirigentes, havia 17 questões relativas aos Objetivos do Desenvolvimento Sustentável e 88 cooperativas responderam a essa dimensão. A média dessa dimensão foi 0,52, a terceira mais baixa média das seis dimensões. O valor mínimo foi 0 e o máximo foi 1,00, a maior amplitude de todas as dimensões. É importante ressaltar que foi a única variável que obteve média máxima 1,00, assim como, foi a única que abrangeu toda a amplitude, com respostas de 0 a 1. Isso quer dizer que têm cooperativas com práticas voltadas aos 17 ODS.

No que diz respeito às frequências, 19 cooperativas obtiveram média menor ou igual a 0,25; 24 cooperativas com média maior que 0,25 e menor ou igual a 0,50; 23 cooperativas com média maior que 0,50 e menor ou igual a 0,75; e 22 cooperativas tiveram média maior ou igual a 0,75. Nessa dimensão, a distribuição das frequências ficou mais uniforme nos intervalos de classificações das frequências, variando de 19 a 24.

Tabela 10: Distribuição das frequências das respostas do questionário da pesquisa com as cooperativas agropecuárias gaúchas na dimensão ODS

Mínimo	0,00
Máximo	1,00
Frequência de <=0,25	19,00
Frequência de >0,25 a <=0,5	24,00
Frequência de >0,5 a <= 0,75	23,00
Frequência de >= 0,75	22,00
TOTAL	88,00

Fonte: Resultados da Pesquisa - Elaboração: Autora.

As ações dos ODS se baseiam na ideia da responsabilidade compartilhada, conforme refere a Rede Brasil do Pacto Global:

> "Esse é um esforço conjunto de países, empresas, instituições e sociedade civil. Os ODS buscam assegurar os direitos humanos, acabar com a pobreza, lutar contra a desigualdade e a injustiça, alcançar a igualdade de gênero e o empoderamento de mulheres, agir contra as mudanças climáticas e outras. O setor privado tem um papel essencial nesse processo como grande detentor do poder econômico, propulsor de inovações e tecnologias, influenciador e engajador dos mais diversos públicos – governos, fornecedores, colaboradores e consumidores" (REDE BRASIL DO PACTO GLOBAL, 2020).

E para acompanhar a evolução dos países no que tange a uma nova agenda de desenvolvimento apoiada nos ODS, o *Sustainable Development Report* 2020 aponta que o Brasil ocupa a posição 53ª, dentre os 193 países membros da ONU. Em relação à pontuação geral, que mede o progresso total de um país para atingir os 17 ODS, a nação brasileira alcançou um score de 72,77 (de 0 a 100) (Figura 9) (SESCOOP/ SP, 2021). Isso indica que ainda existe muito trabalho a ser desenvolvido, é o que demonstra o número encontrado na média desse indicador.

Figura 9: ODS: ações no Brasil

Fonte: SESCOOP/SP, 2021.

Entretanto, apesar do país estar no caminho para a realização dos ODS 4, 6, 7, 13 e 17, a Rede Brasil do Pacto Global faz um alerta: se não forem tomadas ações concretas, apenas o ODS 7 será alcançado até 2030 (SESCOOP/ SP, 2021).

4.7.1 ÍNDICE ESG

Na perspectiva de facilitar a tomada de decisões pelos gestores das cooperativas foi criado o índice ESG, que possibilita maior poder analítico em relação aos resultados da pesquisa e contribui para o desenvolvimento de indicadores de apoio à gestão das atividades nas diferentes dimensões ESG para as organizações. Dessa forma, buscou-se desenvolver uma estrutura que facilitasse a visualização e analisasse o equilíbrio ou o desequilíbrio entre as dimensões ESG. Assim, foi proposto um Índice ESG para as organizações. A figura em formato triangular representa o Índice ESG e é resultado das médias aritméticas das três dimensões (ambiental, social e governança). O Gráfico 16, abaixo, ilustra o Índice ESG, resultado do conjunto de cooperativas que responderam ao questionário.

Os índices ambiental, social e governança resultaram em médias aritméticas muito próximas (0,51, 0,59 e 0,60 respectivamente). Essas três dimensões ficaram com as maiores médias dos seis indicadores, o que demonstra que, na grande maioria, as cooperativas agropecuárias gaúchas adotam práticas ambientais, sociais e de governança. A governança (0,60) ficou com a média mais alta, seguida pelas práticas sociais (0,59) e depois pelas práticas ambientais (0,51), conforme pode ser observado no gráfico que segue.

Gráfico 16: Índice ESG

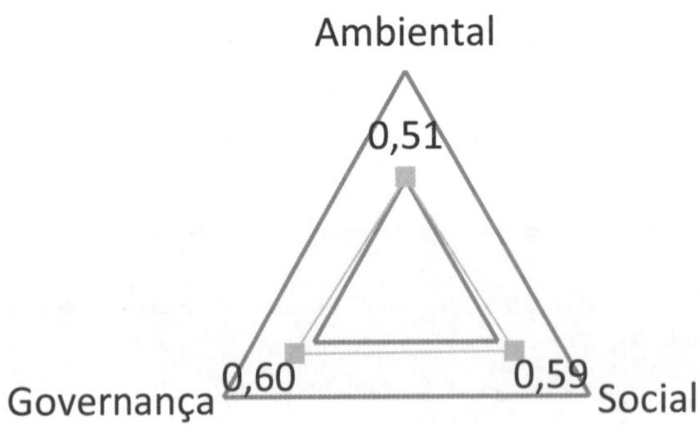

Fonte: Resultados da Pesquisa - Elaboração: Autora.

O Gráfico 16 facilita a visualização do equilíbrio/desequilíbrio entre as dimensões ESG das cooperativas agropecuárias. Esse índice pode ser utilizado para uma ou para várias organizações, assim como para ramos ou setores do cooperativismo. Também pode ser utilizado por empresas cooperativas, não cooperativas privadas e públicas de qualquer tamanho (pequena, média ou grande).

No Gráfico 17 foram incluídas, além das dimensões ESG, as dimensões ODS (0,52), princípios do cooperativismo (0,27) e econômico (0,47) a fim de facilitar a visualização para os dirigentes avaliarem de forma clara o melhor caminho a seguir. O Gráfico 17, abaixo, ilustra e permite uma visão mais ampla das práticas adotadas nas diferentes dimensões e na identificação de equilíbrios e/ou desequilíbrios entre as práticas de sustentabilidade nas organizações cooperativas agropecuárias do Estado.

Gráfico 17: Média aritmética por dimensão: Ambiental, Social, Governança, Princípios do Cooperativismo, Econômico e ODS

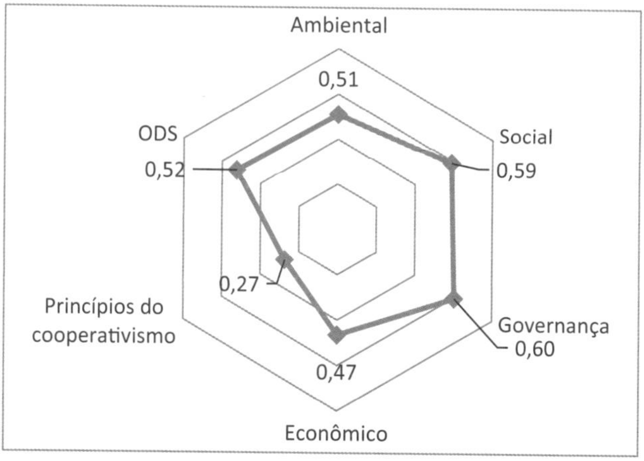

Fonte: Resultados da Pesquisa - Elaboração: Autora.

Observa-se, no gráfico acima, que a dimensão princípios do cooperativismo ficou com a média menor e, por isso, cabem algumas ressalvas. Essa foi a única dimensão que teve maior número de perguntas envolvendo informações bem específicas, como valores, números e porcentagens (19 perguntas). As 3 demais perguntas dessa dimensão (princípios do cooperativismo) tinham como opções de respostas "sim" e "não" e essas foram as de maior média entre as 22 perguntas do total dessa variável, o que pode ser explicado pelo fato de que essas 3 perguntas não solicitavam dados específicos.

Ficou evidente que a maior parte dos dirigentes não possuía informações detalhadas sobre valores, números e porcentagens relativas à cooperativa no momento da entrevista, o que levou a zerar algumas das respostas, e consequentemente baixou a média geral por cooperativa e por dimensão. A possível causa de zerar algumas respostas no momento da entrevista pode ter sido o fato dos dirigentes não estarem com as informações disponíveis, uma vez que as informações são muito específicas ou ainda pode ter sido pelo fato de que as informações são controladas por diferentes áreas da cooperativa. Por exemplo, o número de treinamentos realizados para sócios, colaboradores e dirigentes, provavelmente seja gerido pelo departamento de recursos humanos e assim por diante, com cada área acompanhando seus indicadores. Outros indicadores (número de organizações comunitárias apoiadas e ajudadas pela cooperativa; valores investidos em educação; valores investidos em doações para instituições beneficentes; percentual que representou os empréstimos oriundos de instituições financeiras sobre o faturamento total bruto anual; percentual de reservas sobre o patrimônio líquido da cooperativa) são de responsabilidade de diferentes áreas dentro da cooperativa.

Dessa forma, pode ser estabelecido um índice além das dimensões ambiental, social e governança, também para as dimensões princípios do cooperativismo, econômico e ODS. Esses indicadores podem servir de tomada de decisão para uma organização ou para um grupo de organizações, como ramos ou setores do cooperativismo. Além disso, podem ser utilizados por empresas cooperativas, não cooperativas privadas e públicas de qualquer tamanho (pequena, média ou grande).

4.7.2. ANÁLISE DAS CORRELAÇÕES

Após o levantamento dos resultados individuais por dimensão e da análise descritiva, realizou-se a análise da associação do comportamento das variáveis com relação a seus pares, nomeada de análise das correlações. É a análise de correlação que leva a conhecer se as dimensões têm algum tipo de associação entre si. Em termos técnicos, correlação refere–se à relação entre os valores observados de cada variável, analisadas por um par de variáveis. Para tanto, foi explorada a correlação de Pearson, que é a medida de associação linear entre variáveis quantitativas (FIGUEIREDO FILHO; ROCHA, 2014).

O coeficiente de correlação Pearson (r) varia de -1 a 1. O sinal indica direção positiva ou negativa do relacionamento e o valor sugere a força da relação entre as variáveis (FIGUEIREDO FILHO; SILVA JÚNIOR, 2009).

Dancey e Reidy (2006), apontam que as correlações se classificam da seguinte forma: fortes (r = 1 até 0,7), moderadas (r = 0,6 até 0,4) e fracas (r = 0,3 até 0,1). Portanto, os resultados deste estudo levam a concluir que as correlações entre as diferentes dimensões são fortes (r = 1 até 0,7), moderadas (r = 0,6 a 0,4) e fracas (r = 0,3 até 0,1).

A Tabela 11, abaixo, apresenta as correlações observadas entre as dimensões investigadas.

Tabela 11: Correlação de Pearson: Ambiental, Social, Governança, Econômico, Princípios do Cooperativismo e ODS

	Ambiental	*Social*	*Governança*	*Econômico*	*Princípios do Cooperativismo*	*ODS*
Ambiental	1,00					
Social	0,82	1,00				
Governança	0,65	0,67	1,00			
Econômico	0,31	0,32	0,17	1,00		
Princípios do Cooperativismo	0,49	0,52	0,38	0,38	1,00	
ODS	0,71	0,65	0,47	0,23	0,39	1,00

Fonte: Resultados da Pesquisa - Elaboração: Autora.

A análise das correlações demonstrou relações positivas entre as seis dimensões, sendo que as correlações mais fortes encontradas foram exatamente entre as dimensões ESG (Ambiental x Social = 0,82, Social x Governança = 0,67, Ambiental x Governança = 0,65) e ambiental x ODS = 0,71. Isso demonstra que as variáveis do tripé ESG são as que têm associações mais fortes entre si, inclusive, mais fortes do que as dimensões: econômica, princípios do cooperativismo e ODS. Também se verificou que as práticas ambientais e sociais estão fortemente correlacionadas com a governança, assim como com os ODS. Esses resultados indicam que não somente a teoria, mas também a prática comprova a preocupação com as pessoas e com o meio ambiente (NAÇÕES UNIDAS, 2023), além de reforçar o DNA cooperativo.

As correlações fortes e moderadas encontradas foram: ODS x ambiental (0,71), social x governança (0,67); princípios do cooperativismo x social (0,52), e princípios cooperativos x ambiental (0,49).

As correlações menos expressivas (menores que 0,3) foram encontradas em todas as correlações da dimensão econômica, conforme se pode verificar a seguir: econômico x governança = 0,17, sendo a mais fraca correlação da presente pesquisa; econômico x ODS = 0,23; econômico x ambiental = 0,31; econômico x social = 0,32; e econômico x princípios do cooperativismo = 0,38. É de suma importância ressaltar que mesmo as correlações sendo fracas, são todas positivas.

Os achados deste estudo e a literatura confluem para a mesma direção. Pode-se argumentar que os resultados da dimensão econômica são consequência de ações positivas nas dimensões ambiental e social, bem como na eficiência da governança e da operação da cooperativa.

Além das correlações da variável econômica, outras também se mostraram fracas, apesar de positivas. Positiva porque se uma variável aumenta, a outra aumenta também; e fraca, pois os valores ficaram entre 0,1 e 0,3. As outras correlações foram: ODS x princípios do cooperativismo = 0,39 e governança x princípios do cooperativismo = 0,38, como se pôde observar na Tabela 11.

Após estabelecidas as correlações, depurou-se a análise das dispersões comparando os pares de dimensões entre si.

4.7.3. ANÁLISE DE DISPERSÕES

Um dos métodos mais usados para a investigação de pares de dados é a utilização de diagramas de dispersão cartesianos (ou seja, os diagramas x-y). Geometricamente, um diagrama de dispersão é uma coleção de pontos em um plano, cujas duas coordenadas cartesianas são os valores de cada membro do par de dados.

Como se pôde observar na análise das correlações acima e, é importante reforçar, houve somente correlações positivas entre as variáveis deste estudo. Isso também pode ser verificado nos gráficos de dispersão de 18 a 32. A correlação positiva ocorre quando se observa uma concentração dos pontos em tendência crescente, ou seja, conforme uma variável aumenta a outra também aumenta (GUIMARÃES, 2023).

É importante salientar que quanto maior a correlação entre as variáveis, maior será a proximidade dos pontos, ou seja, os pontos estarão menos dispersos no gráfico.

Desta forma, os gráficos de 18 a 22 são os que têm correlações fortes e moderadas, onde se encontram as dimensões: ambiental x social (0,82), ambiental x ODS (0,71), social x governança (0,67), ambiental x governança (0,65) e social x ODS (0,65). Cabe ressaltar que além das correlações fortes e moderadas entre as dimensões ESG, também há forte e moderada correlação dos ODS com o desempenho ambiental e social.

Isso é compreensível uma vez que o foco principal dos Objetivos do Desenvolvimento Sustentável tem relação com ambiente, clima e pessoas. Os ODS são uma ação global para acabar com a pobreza, proteger o meio ambiente, o clima e garantir que as pessoas possam desfrutar de paz e de prosperidade (NAÇÕES UNIDAS, 2023).

Gráfico 18: Ambiental x Social

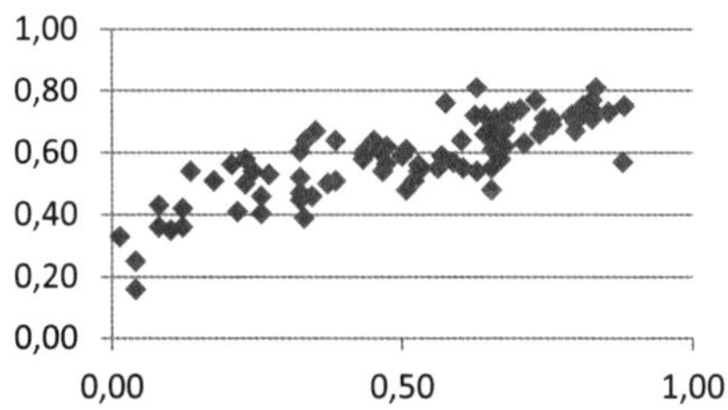

Correlação: 0,82
Fonte: Resultados da Pesquisa
Elaboração: Autora.

Gráfico 19: Ambiental x ODS

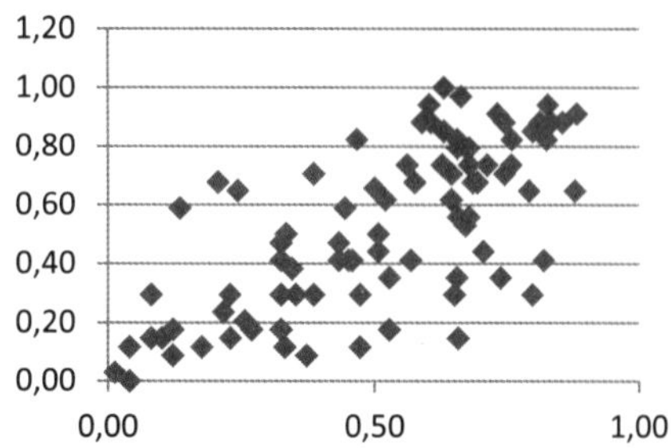

Correlação: 0,71
Fonte: Resultados da Pesquisa
Elaboração: Autora.

Gráfico 20: Social x Governança

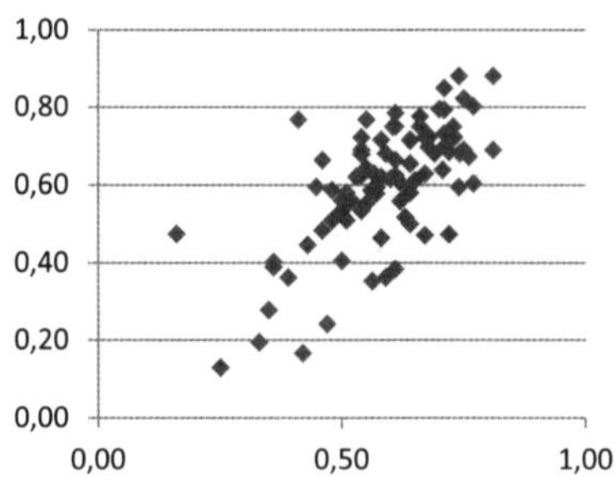

Correlação: 0,67
Fonte: Resultados da Pesquisa
Elaboração: Autora.

Gráfico 21: Ambiental x Governança

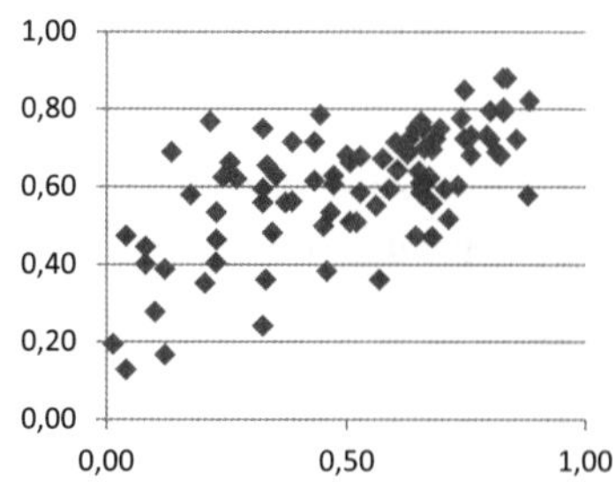

Correlação: 0,65
Fonte: Resultados da Pesquisa
Elaboração: Autora.

Gráfico 22: Social x ODS

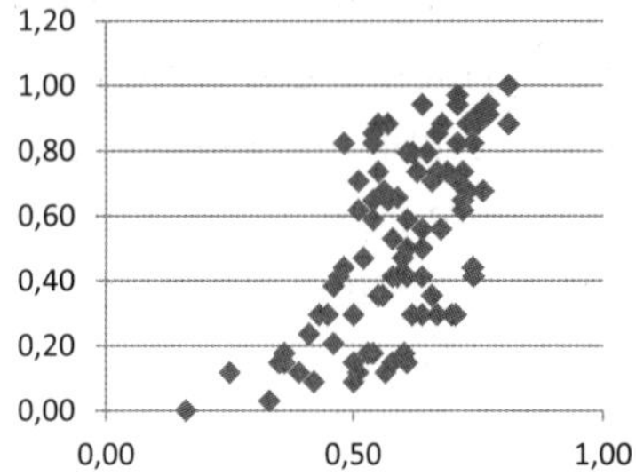

Correlação: 0,65
Fonte: Resultados da Pesquisa
Elaboração: Autora.

Gráfico 23: Social x Princípios do Cooperativismo

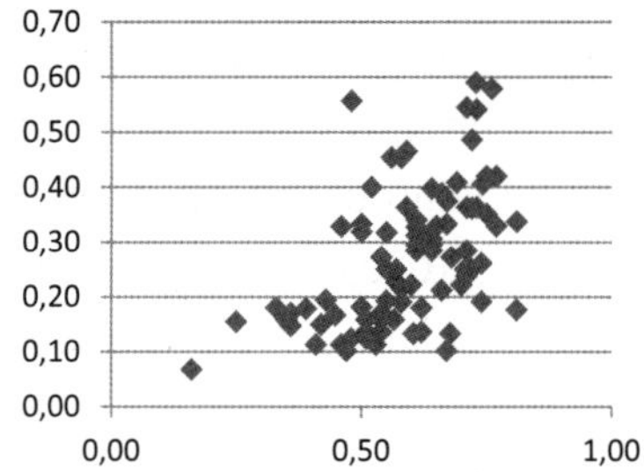

Correlação: 0,52
Fonte: Resultados da Pesquisa
Elaboração: Autora.

Gráfico 24: Ambiental x Princípios do Cooperativismo

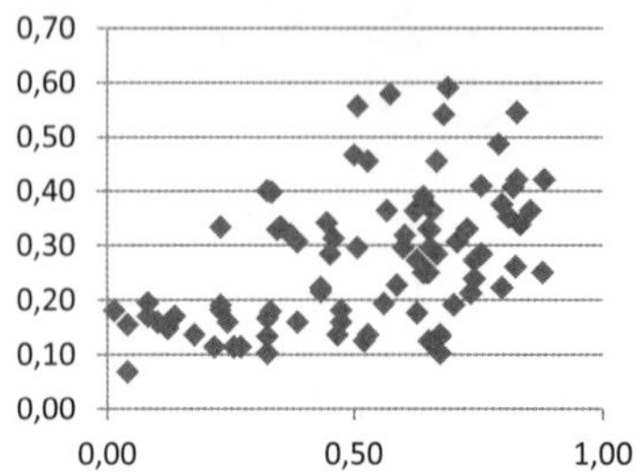

Correlação: 0,49
Fonte: Resultados da Pesquisa
Elaboração: Autora.

Gráfico 25: Governança x ODS

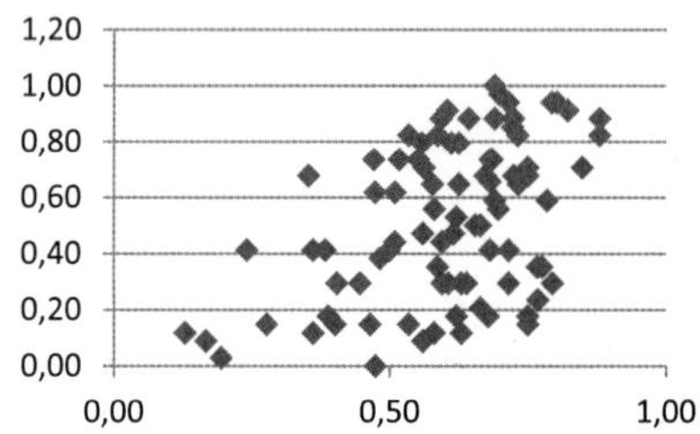

Correlação: 0,47
Fonte: Resultados da Pesquisa
Elaboração: Autora.

Gráfico 26: Princípios do Cooperativismo x ODS

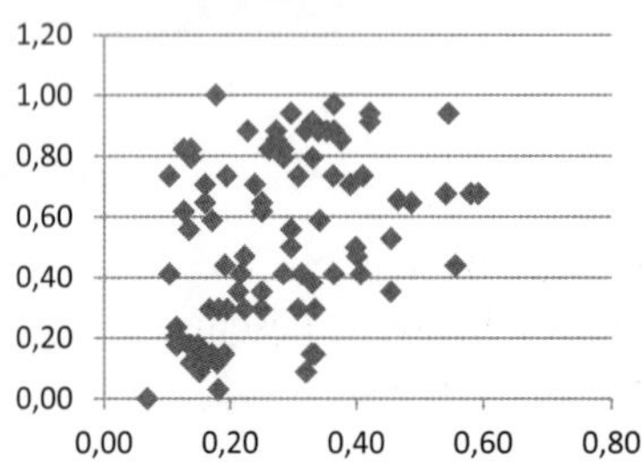

Correlação: 0,39
Fonte: Resultados da Pesquisa
Elaboração: Autora.

Gráfico 27: Governança x Princípios do Cooperativismo

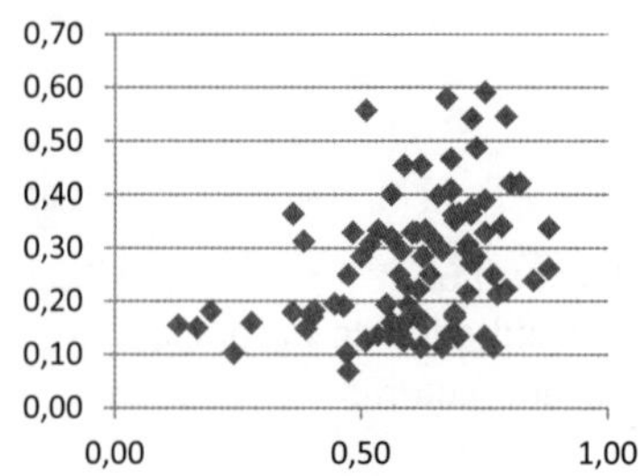

Correlação: 0,38
Fonte: Resultados da Pesquisa
Elaboração: Autora.

Gráfico 28: Princípios do Cooperativismo x Econômico

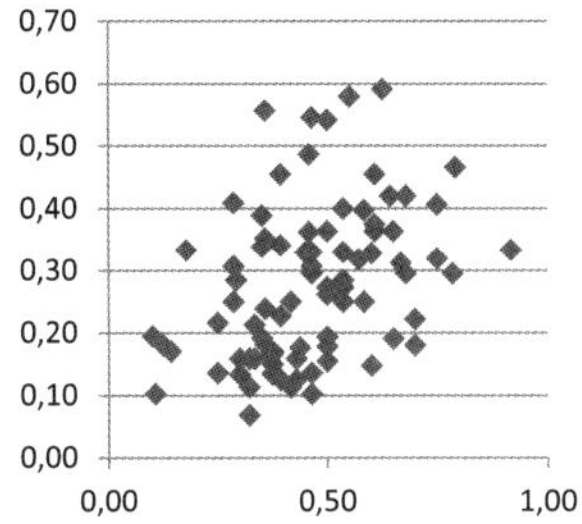

Correlação: 0,38
Fonte: Resultados da Pesquisa
Elaboração: Autora.

Gráfico 29: Social x Econômico

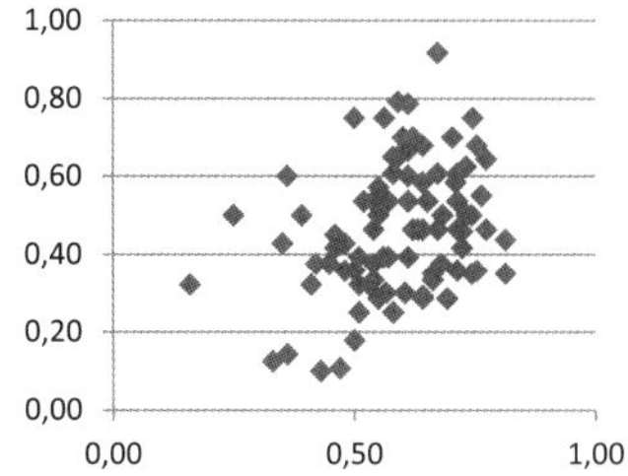

Correlação: 0,32
Fonte: Resultados da Pesquisa
Elaboração: Autora.

Gráfico 30: Ambiental x Econômico

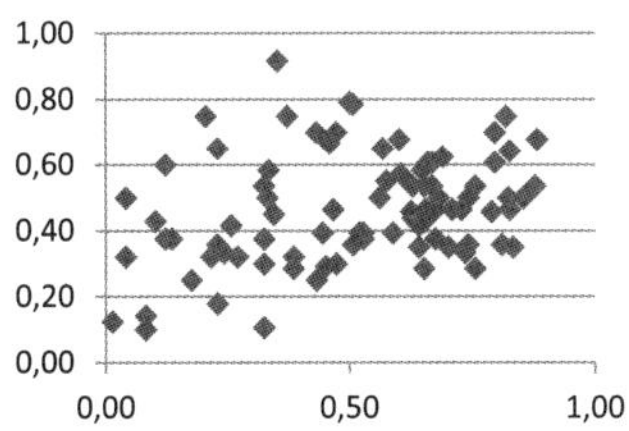

Correlação: 0,31
Fonte: Resultados da Pesquisa
Elaboração: Autora.

Gráfico 31: Econômico x ODS

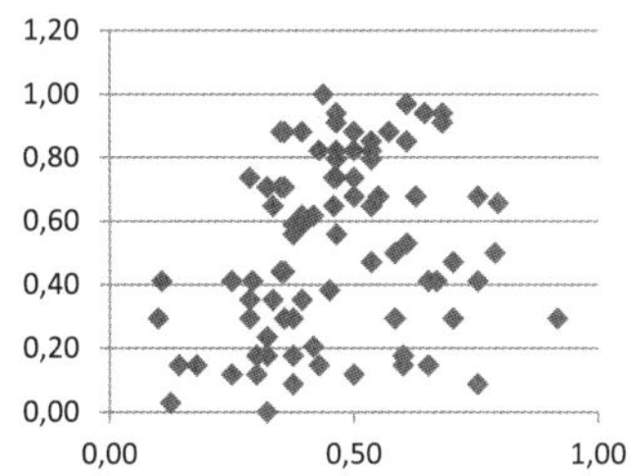

Correlação: 0,23
Fonte: Resultados da Pesquisa
Elaboração: Autora.

Gráfico 32: Governança x Econômico

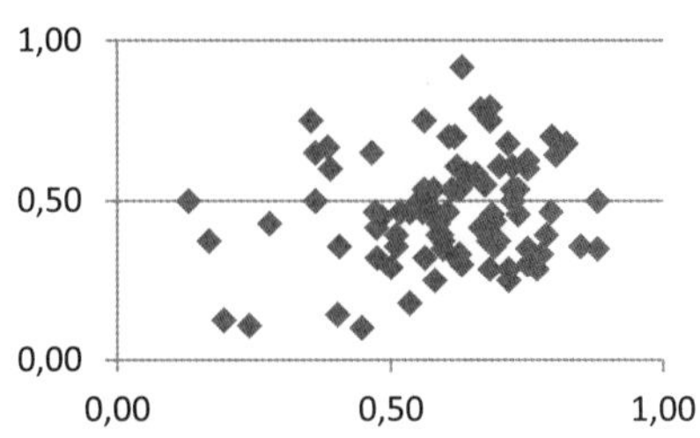

Correlação: 0,17
Fonte: Resultados da Pesquisa
Elaboração: Autora.

A seguir serão apresentadas as conclusões desta tese.

CONCLUSÕES

O mundo está mudando e pedindo instituições mais sustentáveis e conscientes. O cooperativismo tem ajudado muito nesse sentido. Nutre laços com o ESG, antes mesmo do ESG existir, enquanto conceito sistematizado. Segundo o sistema cooperativo, desde que nasceu, prega que o modelo preza pela sustentabilidade ambiental, social e de governança, o que pode ser comprovado com os resultados desta tese, através das médias aritméticas positivas dos indicadores de desempenho de cada uma das seis dimensões. São elas: ambiental, social, governança, princípios do cooperativismo, econômico e ODS.

No cooperativismo, as premissas da Agenda ESG já são bastante enraizadas, sendo parte do modelo societário, que foca no indivíduo. Além disso, o ESG reflete não só os princípios (adesão livre e voluntária; autonomia e independência; interesse pela comunidade; intercooperação; educação, formação e informação; participação econômica dos associados; gestão democrática pelos sócios) que estão na raiz do cooperativismo, como também está alinhado a *triple botton line* ou tripé da sustentabilidade, atendendo as demandas das novas e futuras gerações, mais preocupadas com valores sustentáveis.

Portanto, o ESG está sob o guarda-chuva da sustentabilidade, como demonstrou a teoria. O ESG é específico, mensurável, transforma valores em ações e tem como foco diminuir os riscos, além de estar relacionado ao microambiente (práticas internas). Já a sustentabilidade é um conceito mais amplo e de alcance em longo prazo, com foco em oportunidades e uma agenda ampla para a sociedade, também relacionada ao macroambiente (governos e países). Nesse sentido, pode-se dizer que o ESG e a sustentabilidade têm abrangências diferentes, mas estão interligados.

Na literatura explorada nesta pesquisa, verificou-se a existência de muitos artigos sobre ESG, no entanto, não há estudo de práticas de sustentabilidade ESG no cooperativismo. O que existe são estudos de casos em cooperativas, em ramos específicos do cooperativismo e em uma só dimensão. As pesquisas com foco em apenas uma dimensão estão, em sua maioria, voltadas para a governança ou desempenho econômico. Os estudos existentes não apresentam uma quantidade de perguntas e dimensões, como a pesquisa realizada nesta tese (143 perguntas sobre as dimensões: ambiental, social, governança, desempenho econômico, princípios do cooperativismo, ODS e dados de identificação).

Recomenda-se a realização de mais estudos no meio cooperativo, pois se percebe a carência de literatura específica para o setor, que é visivelmente diferente da sociedade mercantilista.

Quanto aos objetivos deste estudo, todos foram atingidos de forma satisfatória. O objetivo geral era analisar as práticas de sustentabilidade ESG e suas relações com os diferentes indicadores de desempenho das cooperativas agropecuárias do Rio Grande do Sul. Analisando as seis dimensões, o resultado do estudo revelou que as práticas ESG apresentaram média aritmética mais elevada, juntamente com os ODS. A apuração das médias aritméticas levou ao seguinte resultado: governança (0,60), social (0,59), ODS (0,52), ambiental (0,51), desempenho econômico (0,47) e princípios cooperativos (0,27). As dimensões com maiores médias aritméticas foram as que apresentaram maior quantidade de práticas adotadas nas cooperativas, que, neste caso, foi a variável governança, seguida da social, ODS e ambiental.

Observou-se que a governança recebe maior atenção pelas lideranças das cooperativas agropecuárias, seguida pela dimensão social, o que confirma que as cooperativas, por sua essência, buscam atender com atenção o seu propósito de ser preposto do associado e garantir a perpetuidade da organização.

Quanto aos objetivos específicos, o primeiro era identificar e caracterizar as práticas de ESG nas cooperativas agropecuárias do RS. Assim, conclui-se que as cooperativas agropecuárias do estado estão bem empenhadas em desenvolver ações nos diferentes aspectos ESG. As principais práticas de governança (0,60) identificadas no estudo foram: manter boa relação com órgãos dos governos federal, estadual e municipal (0,96); serem "contratados" os responsáveis pela gestão executiva (0,89); e administrar bem os conflitos de interesse entre as partes interessadas da cooperativa (0,89).

As principais práticas da dimensão social (0,59) identificadas nas cooperativas agropecuárias gaúchas foram: respeitar a idade mínima do trabalho (16 ou 14 anos, em caso de menor aprendiz) (0,94); prezar pela diversidade nas equipes (gênero/raça/deficiência/orientação sexual/faixa etária) (0,94); e haver um percentual maior de dirigentes homens (0,93).

Na dimensão ambiental (0,51), as práticas mais adotadas pelas cooperativas agropecuárias gaúchas foram: cumprir a legislação ambiental (0,88); seguir as leis, normas e regulamentos ambientais federais, estaduais e municipais (0,88); e evitar danos ambientais (0,81).

O segundo objetivo específico era analisar as correlações das dimensões ESG com o desempenho econômico, os princípios cooperativistas e com os Objetivos do Desenvolvimento Sustentável nas cooperativas agropecuárias gaúchas. Para alcançar esse objetivo foi calculado o coeficiente de correlação Pearson (r), que é a medida de associação linear entre variáveis quantitativas e varia de -1 a +1, onde o sinal indica direção negativa ou positiva.

É importante ressaltar que todas as correlações são positivas entre todas dimensões, resultado muito relevante para as cooperativas agropecuárias gaúchas. Entre as variáveis ESG, bem como entre a dimensão ambiental x ODS, verificaram-se as mais altas correlações da pesquisa: ambiental x social (0,82); ambiental x ODS (0,71); social x governança (0,67); ambiental x governança (0,65) e social x ODS (0,65). Conclui-se que as práticas que têm maior correlação em ordem de importância são as seguintes: ambiental x social; ambiental x ODS; social x governança; ambiental x governança e social x ODS.

O restante das correlações, também positivas, são as seguintes, em ordem decrescente: social x princípios cooperativistas (0,52), ambiental x princípios cooperativistas (0,49); governança x ODS (0,47); princípios cooperativistas x ODS (0,39); governança x princípios do cooperativismo (0,38); princípios cooperativistas x econômico (0,38); social x econômico (0,32); ambiental x econômico (0,31); econômico x ODS (0,23) e governança x econômico (0,17). Conclui-se, mais uma vez, que as cooperativas dão atenção especial aos aspectos sociais e ambientais.

O terceiro objetivo era verificar as correlações entre as dimensões desempenho econômico, princípios cooperativistas e ODS nas cooperativas agropecuárias do Rio Grande do Sul. As correlações encontradas na análise dos dados foram: princípios cooperativistas x ODS (0,39); princípios cooperativistas x econômico (0,38) e econômico x ODS (0,23). Pelos resultados encontrados, conclui-se que embora positivas, as correlações foram baixas, na seguinte ordem decrescente: princípios cooperativistas x ODS; princípios cooperativistas x econômico e econômico x ODS.

Em resumo, os resultados da pesquisa permitem afirmar que as cooperativas agropecuárias gaúchas adotam práticas de governança (0,60), sociais (0,59) e ambientais (0,51). Conclui-se que todas as práticas são observadas pelas cooperativas, embora haja uma priorização das ações voltadas para a governança e o social, as quais apresentaram maior média aritmética, embora ainda distantes de 1,00, média máxima que podia ser atingida em cada dimensão.

Do universo das 96 cooperativas agropecuárias do Rio Grande do Sul, 89 dirigentes responderam a pesquisa, o que representa a boa adesão do universo, correspondendo a 92,71% das cooperativas do setor do Estado. Além da grande adesão das cooperativas ao estudo, houve a grata surpresa de identificar que uma das cooperativas em apenas uma dimensão, a dos ODS, respondeu não ter nenhuma prática. O restante das cooperativas agropecuárias gaúchas que responderam à dimensão, todas adotam uma ou mais práticas.

Por fim, pode-se afirmar que o estudo atingiu a quase totalidade das cooperativas agropecuárias do Rio Grande do Sul, o que retrata de fato como elas estão. O estudo atingiu com êxito o objetivo geral e os específicos, proporcionando uma visão detalhada das práticas adotadas. Também possibilitou um panorama gerencial do mundo cooperativo por meio do uso de metodologias quantitativas (pré-teste e questionário) e qualitativa (entrevista). Entretanto, a pesquisa não pretende esgotar o tema, pois os desafios são muitos e o cooperativismo precisa de muito mais estudos.

Quatro grandes contribuições foram identificadas neste estudo: a primeira foi a quantidade de lideranças das cooperativas do ramo agropecuário que responderam a pesquisa (92,71%), ramo no qual os pesquisadores têm dificuldade de chegar, por isso há poucas pesquisas; a segunda grande contribuição refere-se ao fato da pesquisa ter um amplo número de perguntas (143) e de dimensões (7); a terceira diz respeito a construção metodológica inovadora das respostas, onde se transformou escalas nominais em numéricas; e a quarta refere-se a definição do Índice ESG, bem como um Índice para cada uma das seis dimensões, através da visualização gráfica e numérica quanto ao equilíbrio/desequilíbrio entre as dimensões das cooperativas agropecuárias. Um fator positivo é que esses índices podem ser utilizados por organizações individualmente ou por grupos, como ramos ou setores do cooperativismo. Também podem ser utilizados por empresas cooperativas, não cooperativas privadas e públicas de qualquer tamanho (pequena, média ou grande).

O fato de atingir quase a totalidade das cooperativas demonstra a carência e a necessidade de mais informações para o crescimento e desenvolvimento do setor, que é tão importante para a economia do Estado e do País.

Sugere-se assim, desenvolver novas pesquisas com base nos dados aqui apresentados e novas pesquisas em prol das cooperativas e do cooperativismo. Dentre os temas, sugere-se: identificar as práticas nos outros seis ramos do cooperativismo (saúde, crédito, consumo, infraestrutura, transporte e trabalho, produção de bens e serviços), implantar novas práticas de ESG nas cooperativas que já adotam e realizar um acompanhamento de médio e longo prazo para aferir os resultados das práticas nas cooperativas.

A limitação desta pesquisa está no fato de que não existem práticas, nem indicadores de desempenho padronizados para o ESG e para as cooperativas que já adotam as práticas. A sugestão que este estudo traz é a necessidade urgente de estabelecer os indicadores ESG para a sustentabilidade das cooperativas.

Apesar das boas práticas já existentes nas cooperativas gaúchas do ramo agropecuário, constatou-se ainda que existe necessidade de mais práticas de sustentabilidade ESG. O somatório do que já vem acontecendo nas cooperativas do RS com o que pode vir a ser praticado, melhoraria ainda mais o resultado e pode o cooperativismo servir de modelo a ser seguido, inclusive para a sociedade mercantilista.

Ainda que haja desafios na implementação de práticas ESG nas cooperativas, é possível desenvolvê-las com estratégias corporativas e controles focados em sustentabilidade. A otimização do uso de recursos naturais, como água e energia (pilar ambiental); a revisão de políticas nas relações de trabalho, como inclusão e diversidade, o aumento do engajamento dos colaboradores na cultura organizacional (pilar social); e a garantia de independência do conselho e estruturação de comitês (pilar de governança), são ações simples que podem servir como ponto de partida de transição para esse novo modelo de negócios.

O aumento da maturidade advindo dessas práticas conduz a ações mais complexas, como mapeamento de processos relevantes para o negócio; desenho de estratégia, objetivos e metas; implementação de indicadores e mensuração de impacto. Vale pontuar que o papel da governança garante o envolvimento dos outros dois pilares (ambiental e social). Sem uma boa governança não é possível desenvolver um modelo sustentável e alinhado com as expectativas da organização e das partes interessadas.

A perspectiva ESG nos negócios deve ser vista com objetivos claros e métricas alcançáveis a fim de melhorar a gestão e a governança. É um caminho sem volta, traz vantagens para todos os envolvidos e é cada vez mais valorizado por sócios, clientes e sociedade.

Por fim, este trabalho contribui com o meio acadêmico, uma vez que o resultado alcançado amplia os conhecimentos na área de sustentabilidade no cooperativismo, uma lacuna contextual e empírica que compreende a avaliação de desempenho das cooperativas agropecuárias, e auxiliará as cooperativas agropecuárias a avaliarem seu desempenho em relação à sustentabilidade fornecendo parâmetros para tomada de decisões estratégicas.

REFERÊNCIAIS

ABOUD, A.; DIAB, A. The impact of social, environmental and corporate governance disclosures on firm value: evidence from Egypt. *Journal of Accounting in Emerging Economies*, Bingley, v. 8, n. 4, p. 442-458, 2018. Disponível em: https://doi.org/10.1108/JAEE-08-2017-0079. Acesso em: 28 ago. 2022.

ABARGHANI, M. E.; SHOBEIRI, S. M.; MEIBOUDI, H. Implementation of a rural cooperative management for achieve sustainable development for the first time in Iran. *Advances in Environmental Biology*, Amman, v. 7, n. 7, p. 1937-1941, 2013.

ADAMS, R. B.; FERREIRA, D. Women in the boardroom and their impact on governance and performance. *Journal of Financial Economics*, Amsterdam, v. 94, n. 2, p. 291-309, 2009. Disponível em: https://www.sciencedirect.com/science/article/abs/pii/S0304405X09001421. Acesso em: 20 out. 2022.

AIS COMUNICAÇÃO ESTRATÉGICA LTDA. *Cooperativismo pode ser molde para desenvolvimento de ESG em empresas*. Curitiba, 9 fev. 2022. Disponível em: https://paranashop.com.br/2022/02/cooperativismo-pode-ser-molde-para-desenvolvimento-de-esg-em-empresas/. Acesso em: 4 jun. 2022.

ANDRADE, M. *et al.* Socio-environmental costs: financial quantification of carbon credits in agriculture and sustainability in the relation of produced agroenergy with used energy matrix. *Custos e Agronegócio On Line*, Recife, v. 14, n. 3, p. 191-213, 2018. Disponível em: https://repositorio.unesp.br/handle/11449/184061. Acesso em: 4 set. 2022.

ARAÚJO, G. C. *et al.* Sustentabilidade empresarial: conceito e indicadores. *In*: CONGRESSO VIRTUAL BRASILEIRO DE ADMINISTRAÇÃO, 3., 2006, Coimbra. [Anais]. [S. l.: s. n.], 2006. p. 70-82. Disponível em: http://www.convibra.com.br/upload/paper/2014/28/2014_28_10006.pdf. Acesso em: 12 ago. 2016.

ARAYSSI, M.; JIZI, M.; TABAJA, H. H. The impact of board composition on the level of ESG disclosures in GCC countries. *Sustainability Accounting, Management and Policy Journal*, Bingley, v. 11 n. 1, p. 137-161, 2020. Disponível em: https://www.emerald.com/insight/content/doi/10.1108/SAMPJ-05-2018-0136/full/pdf?title=the-impact-of-board-composition-on-the-level-of-esg-disclosures-in-gcc-countries. Acesso em: 15 maio 2022.

ARMSTRONG, A. Ethics and ESG. *Australasian Accounting, Business and Finance Journal*, Wollongong, v. 14, n. 3, p. 6-17, 2020. Disponível em: https://ro.uow.edu.au/aabfj/vol14/iss3/2/. Acesso em: 11 jul. 2022.

ASSAD, E. D. *Aquecimento global e a nova geografia da produção agrícola no Brasil*. Brasília, DF: Embaixada Britânica; Campinas: Embrapa/Unicamp, 2008.

ALVES, TATIANA. *Produção de energia elétrica renovável no Brasil é o triplo da mundial*. Rio de Janeiro, 30 maio 2022. Disponível em: https://agenciabrasil.ebc.com.br/radioagencia-nacional/economia/audio/2022-05/producao-de-energia-eletrica-renovavel-no-brasil-e-o-triplo-da-mundial. Acesso em: 4 set. 2022.

BAKERTILLY. *Vantagens e desafios para a implantação do ESG nas empresas*. Belo Horizonte, 2021. Disponível em: https://bakertillybr.com.br/baker-tilly-aponta-vantagens-e-desafios-para-a-implantacao-do-esg-nas-empresas/. Acesso em: 4 set. 2022.

BALLUCHI, F.; LAZZINI, A.; TORELLI, R. Credibility of environmental issues in non-financial mandatory disclosure: measurement and determinants. *Journal of Cleaner Production*, Amsterdam, v. 288, [art.] 125744, 2021. Disponível em: https://doi.org/10.1016/j.jclepro.2020.125744. Acesso em: 9 out. 2022.

BAYAS, DIEGO R. B.; NORIEGA, ADRIANA M. M. Cooperativismo y desarrollo sostenible en el Ecuador. *Ciencia Digital*, Ambato, v. 3, n. 3.2, p. 150-171, jul./sept., 2019.

BEN-AMAR, W.; MCILKENNY, P. Board effectiveness and the voluntary disclosure of climate change information. *Business Strategy and the Environment*, New York, v. 24, n. 8, p. 704-719, 2015.

BENETTI, M. D. Reestruturação na área da circulação das mercadorias: o novo fator determinante da luta competitiva no mercado agroindustrial brasileiro. *Ensaios FEE*, Porto Alegre, v. 22, n. 1, p. 59-85, 2001.

BENOS, T. et al. Cooperatives' organizational restructuring, strategic attributes, and performance: the case of agribusiness cooperatives in Greece. *Agribusiness*, Hoboken, v. 32 n. 1, p. 127-150, 2016.

BERGER, ELISABETH S. C. et al. Digital or not – The future of entrepreneurship and innovation: introduction to the special issue. *Journal of Business Research*, Athens, v. 125, p. 436-442, 2021. Disponível em: https://www.sciencedirect.com/science/article/abs/pii/S0148296319307866. Acesso em: 22 nov. 2022.

BHAGAT, S.; BOLTON, B. Corporate governance and firm performance. *Journal of Corporate Finance*, Amsterdam, v. 14, n. 3, p. 257–273, 2008. Disponível em: https://doi:10.1016/j.jcorpfin.2008.03.006. Acesso em: 28 ago. 2022.

BIALOSKORSKI NETO, S.; CARVALHO, F. L. Indicadores de avaliação de desempenho econômico em cooperativas agropecuárias: um estudo em cooperativas paulistas. *Organizações Rurais & Agroindustriais*, Lavras, v. 10, n. 3, p. 420-437, 2008.

BILLIO, M. et al. *Inside the ESG ratings:* (Dis)agreement and performance. Venezia: Department of Economics, University of Venice "Ca' Foscari", 2020. (Working papers from Department of Economics, n. 17). Disponível em: https://econpapers.repec.org/paper/venwpaper/2020_3a17.htm. Acesso em: 25 set. 2022.

BOEHE, M. D.; CRUZ, L. B. Gender and microfinance performance: why does the institutional context matter? *World Development*, Oxford, v. 47, p. 121-135, 2013. Disponível em: https://www.sciencedirect.com/science/article/pii/S0305750X1300065X. Acesso em: 10 jul. 2022.

BOLLAS-ARAYA, H.-M.; POLO-GARRIDO, F; SEGUÍ-MAS, E. Sustainability reporting in european cooperative banks: an exploratory analysis. *Revesco - Revista de Estudios Cooperativos*, Madrid, n. 115, p. 30-57, 2014. Disponível em: http://doi.org/10.5209/rev_REVE.2014.v115.45277. Acesso em: 27 jun. 2022.

BRASIL. Ministério da Economia. *Ministério da Economia divulga lista dos setores mais afetados pela pandemia da COVID-19 no Brasil*. Brasília, DF, 15 set., 2020. Disponível em: https://www.gov.br/economia/pt-br/assuntos/noticias/2020/setembro/ministerio-da-economia-divulga-lista-dos-setores-mais-afetados-pela-pandemia-da-covid-19-no-brasil. Acesso em: 19 jun. 2023.

BRASIL. Tribunal de Contas da União (TCU). Qual a diferença entre desenvolvimento sustentável e sustentabilidade. *União*, [Brasília, DF], ano 33, n. 212, 2018. Disponível em: https://www.google.com/url?sa=t&rct=j&q= &esrc=s&source=web&cd=&cad=rja&uact=8&ved=2ahUKEwiSm_2R9OiAAxXTr5UCHQa8AEkQFnoECA0QAw&url=https%3A%2F%2Fportal.tcu.gov.br%2Flumis%2Fportal%2Ffile%2FfileDownload.jsp%3FfileId%3D8A81881F6815

00A60168626BBA044664&usg=AOvVaw2ibquxTKoRUv6xhkPwxANV&opi=89978449. Acesso em: 30 jul. 2022.

BRASIL. Tribunal Superior do Trabalho (TST). Comissão de Erradicação do Trabalho Infantil e de Estímulo à Aprendizagem (CETI). *Trabalho infantil*: 50 perguntas e respostas: proteção ao trabalho decente do adolescente e aprendizagem. [Brasília, DF], maio, 2016. Disponível em: https://www.tst.jus.br/documents/2237892/21583082/Cartilha+50+perguntas+e+respostas+sobre+o+trabalho+infantil. Acesso em: 16 jul. 2016.

BRASIL. Ministério da Agricultura, Pecuária e Abastecimento. *Plano Setorial para a adaptação à mudança do clima e baixa emissão de carbono na agropecuária com vistas ao desenvolvimento sustentável (2020-2030)*: visão estratégica para um novo ciclo. Brasília, DF: MAPA, 2021. Disponível em: https://www.gov.br/agricultura/pt-br/assuntos/sustentabilidade/agricultura-de-baixa-emissao-de-carbono/publicacoes/abc-portugues.pdf. Acesso em: 16 jul. 2022.

BROADRIDGE. *ESG investments poised to reach $30 trillion by 2030*. [North America], 2010. Disponível em: https://openknowledge.worldbank.org/handle/10986/2844. Acesso em: 13 jul. 2023.

BROADSTOCK, D. C. et al. Does corporate social responsibility impact firms' innovation capacity? The indirect link between environmental & social governance implementation and innovation performance. *Journal of Business Research*, Athens, v. 119, p. 99-110, 2021a. Disponível em: https://www.webofscience.com/wos/woscc/fullrecord/WOS:000600436300008. Acesso em: 4 jun. 2022.

BROADSTOCK, D. C. et al. The role of ESG performance during times of financial crisis: evidence from COVID-19 in China. *Finance Research Letters*, Amsterdam, v. 38, [art.] 101716, 2021b. Disponível em: https://doi.org/10.1016/j.frl.2020.10171. Acesso em: 21 ago. 2022.

BUALLAY, A. Is sustainability reporting (ESG) associated with performance? Evidence from the European banking sector. *Management of Environmental Quality: An International Journal*, Bradford, v. 30, n. 1, p. 98-115, 2019. Disponível em: https://www.emerald.com/insight/content/doi/10.1108/MEQ-12-2017-0149/full/pdf?title=is-sustainability-reporting-esg-associated-with-performance-evidence-from-the-european-banking-sector. Acesso em: 25 abr. 2022.

BUNIAMIN, SHARIFAH. Managers' perceptions on stakeholder power in relation to ESG reporting. *In*: OTHMAN, N. S. et al. (ed.). *Driving sustainability through business technology synergy*: proceedings of the 9th International Economics and Business Management Conference (IEBMC 2019), 02-03 November, 2019, The Imperial Heritage Hotel, Melaka, Malaysia. London: European Publisher, 2020. v. 100, p. 139-149. Disponível em: https://www.europeanproceedings.com/ article/10.15405/epsbs.2020.12.05.15. Acesso em: 11 jun. 2023.

CAMARGO, ANA LUIZA DE BRASIL. *Desenvolvimento sustentável*: dimensões e desafios. Campinas: Papirus, 2003.

CARLOS, E. A. Práticas ASG no Brasil – um estudo com seguradoras listadas na B3. *Revista Livre de Sustentabilidade e Empreendedorismo*, Curitiba, v. 7, n. 5, p. 84-111, set./out., 2022. Disponível em: http://habitats.relise.eco.br/index.php/relise/article/view/631. Acesso em: 7 set. 2022.

CASTILLA-POLO, F. Theoretical and methodological framework for the qualitative validation of an explanatory model of social responsibility in cooperatives societies. *Management Research: Journal of the Iberoamerican Academy of Management*, Armonk, v. 12, n. 3, p. 259-287, 2014.

CERVO, A. L.; BERVIAN, P. A. *Metodologia científica*. 5. ed. São Paulo: Prentice Hall, 2002.

CEPEA - CENTRO DE ESTUDOS AVANÇADOS EM ECONOMIA APLICADA. *PIB do agronegócio brasileiro*. Piracicaba: CEPEA, 2022. Disponível em: https://www.cepea.esalq.usp.br/br/pib-do-agronegocio-brasileiro.aspx. Acesso em: 21 fev. 2023.

CENTRAL PRESS. *Cresce número de fundos e verbas do cooperativismo de crédito voltados para prática ESG*. [*S. l.*], 30 maio, 2022. Disponível em: https://paranashop.com.br/2022/06/cresce-numero-de-fundos-e-verbas-do-cooperativismo-de-credito-voltados-para-pratica-esg/. Acesso em: 4 jun. 2022.

CHATTERJI, A. K. et al. Do ratings of firms converge? Implications for managers, investors and strategy researchers. *Strategic Management Journal*, Hoboken, v. 37, n. 8, p. 1597–1614, 2016. Disponível em: https://onlinelibrary.wiley.com/doi/full/10.1002/smj.2407?casa_token=fiM0 EuM2DnUAAAAA%3A GetM8fkbP9m2BQAg26gs1LbVq93RZT7Ox0SWYJrJL-uWCmnBqm327ga-SZ2oKE7Bfm45UOqqOoSzoA. Acesso em: 20 maio 2022.

CHATTERJI, A.; LEVINE, D. Breaking down the wall of codes: evaluating non-financial performance measurement. *California Management Review*, Hoboken, v. 48, p. 29–51, 2006. Disponível em: https://journals.sagepub.com/

doi/pdf/10.2307/41166337?casa_token=bP0B_2AaZvgAAAAA:8lq8rf4_JmLuDJwB-hsdqjF2kviD3rkLjh3Qm0N0a18UnS2iZ_XyFwnAjcVZO-H5FBFMz46QLIVIl. Acesso em: 20 maio 2022.

CHRISTENSEN, D. M.; SERAFEIM, G.; SIKOCHI, A. Why is corporate virtue in the eye of The Beholder? The case of ESG ratings. *Accounting Review*, Sarasota, v. 97, n. 1, p. 147–175, 2022. Disponível em: https://meridian.allenpress.com/accounting-review/articleabstract/97/1/147/463920/Why-is-Corporate-Virtue-in-the-Eye-of-The-Beholder. Acesso em: 14 out. 2022.

CIOCIRLAN, C.; PETTERSSON, C. Does workforce diversity matter in the fight against climate change? An analysis of fortune 500 companies. *Corporate Social Responsibility and Environmental Management*, Chichester, v. 19, n. 1, p. 47-62, 2012.

CLIMATE BONDS INITIATIVE. *Unlocking Brazil's green investment:*potential for agriculture. [London]: Climate Bonds Initiative. Agriculture Subcommitee, 2020. Disponível em: https://www.climatebonds.net/resources/reports/unlocking-brazil%E2%80%99s-green-investment-potential-agriculture. Acesso em: 20 out. 2022.

CMEF – THE COUNCIL OF MICROFINANCE EQUITY FUNDS. *Council of microfinance equity funds issues new guidelines for corporate governance*. [*S. l.*], 2012. Disponível em: https://www.prnewswire.com/newsreleases/council--ofmicrofinance-equity-funds-issues-new-guidelines-for-corporate-governance-166151546.html. Acesso em: 25 jun. 2022.

CORACCINI, R. *Agências de classificação de risco:* o que são e qual a relação com investimentos. [São Paulo]: CNN Brasil, 4 set., 2021. Disponível em: https://www.cnnbrasil.com.br/business/agencias-de-classificacao-de-risco-o-que--sao-e-qual-a-relacao-com-investimentos/. Acesso em: 7 set. 2022.

CONEXÃO COOP. *O cooperativismo e a agenda ESG*. [*S. l.*], [2023]. Disponível em: https://conexao.coop.br/mercado-internacional/o-cooperativismo-e-a--agenda-esg/. Acesso em: 12 jul. 2023.

CONLON, K. A. Social systems approach to sustainable waste management: leverage points for plastic reduction management: leverage points for plastic reduction in Colombo. *International Journal of Sustainable Development & World Ecology*, Sri Lanka, v. 28, n. 6, p. 562-580, 2021.

COOPER, ELIZABETH. Corporate social responsibility, gender, and CEO turnover. *Managerial Finance*, Bradford, v. 43 n. 5, p. 528-554, 2017. Disponível em: https://www.emerald.com/insight/content/doi/10.1108/MF-02-2016-0049/full/ pdf?title=corporate-social-responsibility-gender-and-ceo-turnover. Acesso em: 15 maio 2022.

COSTA, EDWALDO; FEREZIN, NATALY BUENO. ESG (*Environmental, Social and Corporate Governance*) e a comunicação: o tripé da sustentabilidade aplicado às organizações globalizadas. *Revista Alterjor*, São Paulo, v. 24, n. 2, p. 79-95, 2021.

CRESWELL, J.; CLARK, V. *Designing and conducting mixed methods research*. Thousand Oaks: Sage, 2007. Disponível em: https://journals.sagepub.com/doi/abs/10.1177/1094428108318066?journalCode=orma. Acesso em: 21 jan. 2023.

CRESWELL, JOHN W. *Projeto de pesquisa:* métodos qualitativo, quantitativo e misto. 3. ed. Porto Alegre: Artmed, 2010. 296 p. Disponível em: https://moodle.ufsc.br/pluginfile.php/4226272/mod_resource/content/2/Creswell-parte%201.pdf. Acesso em: 21 jan. 2023.

CRISTÓFALO, RENAN GAZARINI et al. Sustentabilidade e o mercado financeiro: estudo do desempenho de empresas que compõem o índice de sustentabilidade empresarial (ISE). *REGE - Revista de Gestão*, São Paulo, v. 23, n. 4, p. 286-297, 2016. Disponível em: https://www.sciencedirect.com/science/article/pii/S1809227616305975. Acesso em: 5 jun. 2022.

CRUZ, PAULO SERGIO ALVES DA. *A filosofia cooperativista e o cooperativismo no Brasil e no mundo*. Rio de Janeiro: COP Editora, 2001.

CRUZ, B. R. I. *A sustentabilidade econômica e social nas compras públicas de Minas Gerais:* uma análise da Política Estadual de Aquisição de Alimentos da Agricultura Familiar – PAA Familiar. 2018. Trabalho de Conclusão de Curso (Graduação em Administração Pública) - Fundação João Pinheiro, Belo Horizonte, 2018. Disponível em: http://monografias.fjp.mg.gov.br/bitstream/123456789/2397/1/A%20sustentabilidade%20econ%c3%b4mica%20e%20social%20nas%20compras%20p%c3%bablicas%20de%20Minas%20Gerais%20_%20uma%20an%c3%a1lise%20da%20Pol%c3%adtica%20Estadual%20de%20Aquisi%c3%a7%c3%a3o%20de%20Alimentos%20da%20Agricultura%20Familiar%20%e2%80%93%20PAAFamiliar.pdf. Acesso em: 20 out. 2022.

CUNHA, J. A. C.; CORRÊA, H. L. Avaliação de desempenho organizacional: um estudo aplicado em hospitais filantrópicos. *Revista de Administração de Empresas*, São Paulo, v. 5, n. 5, p. 485-499, 2013.

DALE, A. et al. *Co-operatives and sustainability:* an investigation into the relationship. [Brussels]: International Co-operative Alliance, 23 oct., 2013.

DALL'AGNOL, AMÉLIO. Agricultura de baixo carbono e o aquecimento global. *In*: CANAL RURAL. *Blog Canal Rural*. [*S. l.*], 23 abr., 2020. Disponível em: https://blogs.canalrural.com.br/embrapasoja/2020/04/23/agricultura-de--baixo-carbono-e-o-aquecimento-global/ Acesso em: 11 set. 2022.

DANCEY, CHRISTINE; REIDY, JOHN. *Estatística sem matemática para psicologia:* usando SPSS para windows. Porto Alegre: Artmed, 2006.

DAUB, C.-H. Assessing the quality of sustainability reporting: an alternative methodological approach. *Journal of Cleaner Production*, Amsterdam, v. 15, p. 75-85, 2007. Disponível em: http://dx.doi.org/10.1016/j.jclepro.2005.08.013. Acesso em: 25 set. 2022.

DAVILA, T.; EPSTEIN, M.; SHELTON, R. *As regras da inovação*. Porto Alegre: Bookman, 2007.

DELEVINGNE, L. et al. *O premium de ESG:* novas perspectivas sobre valor e performance. Atlanta: Mckinsey & Company, 25 feb., 2020. Disponível em: https://www.mckinsey.com/business-functions/sustainability/our-insights/the--esg-premium-new-perspectives-on-value-and-performance/pt-BR. Acesso em: 4 jun. 2022.

DINU, V. Commercial activity and the sustainable development. *Amfiteatru Economic*, Bucharest, v. 12, n. 27, p. 5-7, 2010. Disponível em: https://econpapers.repec.org/RePEc:aes:amfeco:v:12:y:2010:i:27:p:5-7. Acesso em: 28 ago. 2022.

DIAZ, V.; IBRUSCHI, D.; ZHAO, J. Reconsidering systematic factors during the COVID-19 pandemic – The rising importance of ESG. *Finance Research Letters*, Amsterdam, v. 38, [art.] 101870, 2021. Disponível em: https://www.sciencedirect.com/science/article/pii/S1544612320316846?via%3Dihub. Acesso em: 25 fev. 2022.

DICUONZO, G. et al. The effect of innovation on environmental, social and governance (ESG) practices. *Meditari Accountancy Research*, Bingley, v. 30, n. 4, p. 1191-1209, 2022. Disponível em: https://www.emerald.com/insight/

content/doi/10.1108/MEDAR-12-2020-1120/full/pdf?title=the-effect-of-innovation-on-environmental-social-and-governance-esg-practices. Acesso em: 4 jun. 2022.

DIMSON, E. et al. The State of ESG Investing: a portfolio management perspective. *The Journal of Impact and ESG Investing Summer*, New York, v. 2, n. 4, p. 7-29, 2022. Disponível em: https://jesg.pm-research.com/content/2/4/7. Acesso em: 19 out. 2022.

DOUVITSA, I.; KASSAVETIS, D. Cooperatives: an alternative to water privatization in Greece. *Social Enterprise Journal*, Bingley, v. 10, n. 2, p. 135-154, 2014. Disponível em: http://doi.org/10.1108/SEJ-10-2013-0039. Acesso em: 27 jun. 2022.

EASYCOOP. *Prospera Coop auxilia cooperativas no avanço às práticas de ESG*. Brasília, DF, 2022. Disponível em: https://easycoop.com.br/Noticias/53295/ProsperaCoop-auxilia-cooperativas-no-avanco-as-praticas-de-ESG. Acesso em: 25 jun. 2022.

EBA – EUROPEAN BANKING AUTHORITY. *EBA report:* on management and supervision of ESG risks for credit institutions and investment firms. Paris, 2021. Disponível em: https://www.eba.europa.eu/sites/default/documents/fifiles/document_library/Publications/Reports/2021/1015656/EBA%20Report%20on%20ESG%20risks%20management%20and%20supervision.pdf. Acesso em: 11 maio 2022.

ECCLES, R. G.; PERKINS, K. M.; SERAFEIM, G. How to become a sustainable company. *MIT Sloan Management Review*, Cambridge, v. 53, n. 4, p. 42-51, Summer 2012.

ESCRIG-OLMEDO, E. et al. Lights and shadows on sustainability rating scoring. *Review of Managerial Science*, Berlin, v. 8, p. 559–574, 2014. Disponível em: https://link.springer.com/article/10.1007/s11846-013-0118-0. Acesso em: 20 maio 2022.

ESCRIG-OLMEDO, E. et al. Measuring corporate environmental performance: a methodology for sustainable development. *Business Strategy and the Environment*, Chichester, v. 26, n. 2, p. 142–162, 2017. Disponível em: https://onlinelibrary.wiley.com/doi/full/10.1002/bse.1904?casa_token=JGPx6-xIInQAAAAA%3ATLG9SucmqAsqNPynh5s9LE0_dWrRgqUx2zyGcHVVHod_tJKzJ84oxC_gsmqrjtuFaaDmNzurLCRZ9w. Acesso em: 20 maio 2022.

ESCRIG-OLMEDO, E. et al. Rating the raters: evaluating how ESG rating agencies integrate sustainability principles. *Sustainability*, Basel, v. 11, n. 3, [art.] 915, 2019. Disponível em: https://www.mdpi.com/2071-1050/11/3/915. Acesso em: 20 maio 2022.

ESCRIG-OLMEDO, E.; MUÑOZ-TORRES, M. J.; FERNANDEZ-IZQUIERDO, M. A. Socially responsible investing: sustainability indices, ESG rating and information provider agencies. *International Journal of Sustainable Economy*, Olney, v. 2, p. 442–461, 2010. Disponível em: https://www.inderscienceonline.com/doi/abs/10.1504/IJSE.2010.03549. Acesso em: 20 maio 2022.

ELKINGTON, J. The link between accountability and sustainability: theory put into practice. *In*: CONFERENCE ON THE PRACTICE OF SOCIAL REPORTING FOR BUSINESS – ISEA, 1999, London. [*Papers*...]. London: Commonwealth Conference Centre, 19 jan., 1999.

ELKINGTON, J. Towards the sustainable corporation: win-win-win business strategies for sustainable development. *California Management Review*, Berkeley, v. 36, n. 2, p. 90-100, 1994.

ELIWA, Y.; ABOUD, A.; SALEH, A. ESG practices and the cost of debt: Evidence from EU countries. *Critical Perspectives on Accounting*, London, v. 79, [art.] 102097, 2021. Disponível em: https://doi.org/10.1016/j.cpa.2019.10209. Acesso em: 28 ago. 2022.

ENSSLIN, S. R. et al. Processo de mapeamento das publicações científicas de um tema: portfólio bibliográfico e análise bibliométrica sobreavaliação de desempenho de cooperativas de produção agropecuária. *Revista de Economia e Sociologia Rural*, Brasília, DF, v. 52, n. 3, p. 587-608, 2014.

ETZION, D.; FERRARO, F. The role of analogy in the institutionalization of sustainability reporting. *Organization Science*, Catonsville, v. 21, n. 5, p. 1092-1107, 2010. Disponível em: https://www.researchgate.net/publication/220520974_The_Role_of_Analogy_in_the_Institutionalization_of_Sustainability_Reporting. Acesso em: 25 set. 2022.

FAJARDO, S. O novo padrão de desenvolvimento agroindustrial e a atuação das cooperativas agropecuárias no Paraná. *Caminhos de Geografia*, Uberlândia, v. 7, n. 17, p. 31–47, 2006.

FAJARDO, S.; ROCHA, M. M. Aspectos doutrinários do ideário cooperativista e o cooperativismo no Brasil. *Campo e Território – Revista de Geografia Agrária*, Uberlândia, v. 16, n. 43, p. 22-47, dez., 2021.

FAO – FOOD AND AGRICULTURE ORGANIZATION OF THE UNITED NATIONS. *Transforming food and agriculture to achive the SDGs*. Rome: FAO, 2018. Disponível em: https://www.fao.org/3/I9900EN/i9900en.pdf. Acesso em: 23 jun. 2022.

FGV – FUNDAÇÃO GETÚLIO VARGAS. O cooperativismo como aliado na luta contra a erradicação da pobreza. *P+G Comunicação*, [*S. l.*], 2022. Disponível em: https://isaebrasil.com.br/o-cooperativismo-como-aliado-na-luta-contra-a-erradicacao-da-pobreza/. Acesso em: 27 jun. 2022.

FERREIRA, M. C. R. C. et al. A systematic review of literature aboutfinance and sustainability. *Journal of Sustainable Finance & Investment*, London, v. 6, n. 2, p. 112–147, 2016. Disponível em: https://www.tandfonline.com/doi/full/10.1080/20430795.2016.1177438. Acesso em: 24 abr. 2022.

FIGUEIREDO FILHO, D. B. et al. Desvendando os mistérios do Coeficiente de Correlação de Pearson: o retorno. *Leviathan Caderno de Pesquisa Política*, n. 8, p. 66-95, 2014. Disponível em: https://www.revistas.usp.br/leviathan/article/view/132346. Acesso em: 12 mar. 2023.

FORBES. *Exportações do agro em 2022 batem recorde de US$ 159 bi.* [S.l.], 18 jan., 2023. Disponível em: https://forbes.com.br/forbesagro/2023/01/exportacoes-do-agro-em-2022-batem-recorde-de-us-159-bi/. Acesso em: 22 abr. 2023.

FREEMAN, R. The politics of stakeholder theory: some future directions. *Business Ethics Quarterly*, Bowling Green, v. 4, n. 4, p. 409–421, 1994. Disponível em: https://doi.org/10.2307/3857340. Acesso em: 10 jun. 2023.

FREITAS, M. L. *Cooperativismo e desenvolvimento sustentável*. Brasília, DF: Sistema OCB/MS, 13 maio, 2010. Disponível em: http://ocbms.org.br/noticia/cooperativismo-e-desenvolvimento-sustentavel/153/. Acesso em: 30 ago. 2022.

FRIEDE, G.; BUSCH, T.; BASSEN, A. ESG and financial performance: aggregated evidence from more than 2000 empirical studies. *Journal of Sustainable Finance and Investment*, London, v. 5, n. 4, p. 210-233, 2015.

FRIEDMAN, M. The social responsibility of business is to increase profits. *New York Times Magazine*, New York, v. 122, n. 126, p. 32-33, 1970. Disponível em: https://www.nytimes.com/1970/09/13/archives/a-friedman-doctrine-the-social-responsibility-of-business-is-to.html. Acesso em: 26 maio 2022.

GALEMA, R.; LENSINK, R.; MERSLAND, R. Do powerful CEOs determine microfinance performance? *Journal of Management Studies*, Oxford, v, 49, n. 4,

p. 718-742, 2012. Disponível em: https://onlinelibrary.wiley.com/doi/10.1111/j.1467-6486.2012.01046.x. Acesso em: 10 jul. 2022.

GARCIA, J. R. et al. Agricultura familiar de baixa emissão de carbono no Brasil. *Revista de Política Agrícola*, Brasília, DF, ano 31, n. 4, p. 119-135, out./nov./dez., 2022. Disponível em: https://www.google.com/url?sa=t&rct=j&q=&esrc=s&source=web&cd=&ved=2ahUKEwinr9Tx0OmAAxX8npUCHZqrAcMQFnoECB4QAQ&url=https%3A%2F%2Fseer.sede.embrapa.br%2Findex.php%2FRPA%2Farticle%2Fdownload%2F1791%2F1336&usg=AOvVaw3FDnKsbrit6G6Nbhtzmfn8&opi=89978449. Acesso em: 11 set. 2022.

GARCIA, A. S.; MENDES-DA-SILVA, W.; ORSATO, R. J. Sensitive industries produce better ESG performance: evidence from emerging markets. *Journal of Clean Production*, Amsterdam, v. 150, p. 135–147, 2017. Disponível em: https://www.sciencedirect.com/science/article/pii/S0959652617304067?casa_token=Ug8QxuLC8K4AAAAA:cuDNKdlS1ECmgm8jA5W96yI-2IgBSBW5YPSu-PW-QxFuitqH B0JgYH0l5o-zLIJ7P1639zF2BK78. Acesso em: 21 ago. 2022.

GÄRLIN, T.; JANSSON, M. Sustainable investment: consequences for psychological well-being. *Sustainability*, Basel, v. 13, [art.] 9256, 2021. Disponível em: https://www.scopus.com/record/display.uri?eid=2-s2.0-85113815974&origin=resultslist&sort=plf-f&src=s&st1=future+to+esg&nlo=&nlr=&nls=&sid=fc568aa1f387d3f0a99393b2201b6fe2&sot=b&sdt=b&sl=28&s=TITLE-ABS--KEY%28future+to+esg%29&relpos=55&citeCnt=1&searchTerm=&featureToggles=FEATURE_NEW_DOC_DETAILS_EXPORT:1. Acesso em: 24 abr. 2022.

GAO, S. et al. Mapping and clustering analysis on environmental, social and governance field a bibliometric analysis using Scopus. *Sustainability*, Basel, v. 13, n. 13, [art.] 7304, 2021. http://dx.doi.org/10.3390/su13137304. Acesso em: 28 ago. 2022.

GERHARDT, TATIANA ENGEL; SILVEIRA, DENISE TOLFO (org.). *Métodos de pesquisa*. Porto Alegre: Ed. da UFRGS, 2009.

GIL, ANTONIO CARLOS. *Como elaborar projetos de pesquisa*. 4. ed. São Paulo: Atlas, 2008.

GILLAN, S.; KOCH, A.; STARKS, L. Firms and social responsibility: a review of ESG and CSR research in corporate finance. *Journal of Corporate Finance*, Amsterdam, v. 66, [art.] 1018892021, 2021. Disponível em: https://www.

sciencedirect.com/science/article/abs/pii/S0929119921000092?via%3Dihub. Acesso em: 24 abr. 2022.

GIMENES, R. M. T.; GIMENES, F. M. P. Cooperativismo agropecuário os desafios do financiamento das necessidades líquidas de capital de giro. *Revista de Economia Contemporânea*, Rio de Janeiro, v. 10, n. 2, p. 389-410, 2006.

GUIMARÃES, R. P. *Aterrizando una cometa:* indicadores territoriales de sustentabilidad. Santiago do Chile: CEPAL/ILPES, 1998. Disponível em: https://www.cepal.org/es/publicaciones/7435-aterrizando-un-cometa-indicadores-territoriales-sustentabilidad. Acesso em: 16 jul. 2023.

GRI - GLOBAL REPORTING INITIATIVE. *GRI Standards - GRI 101:* foundation. Amsterdam: GRI, 2016. Disponível em: https://www.globalreporting.org/standards/media/1036/gri-101-foundation-2016. pdf. Acesso em: 24 abr. 2022.

GROOT, M. V. D.; NIJHOF, A. H. J. Socially responsible investment funds: a review of research priorities and strategic options. *Journal of Sustainable Finance and Investment*, London, v. 5, n. 3, p. 178-204, 2015. Disponível em: https://www.scopus.com/record/display.uri?eid=2-s2.0-85047638331&origin=reflist&sort=plf-f&src=s&st1=future+to+esg&nlo=&nlr=&nls=&sid=fc568aa1f387d3f0a99393b2201b6fe2&sot=b&sdt=b&sl=28&s=TITLE-ABS-KEY%28future+to+esg%29. Acesso em: 24 abr. 2022.

GOOGLE ACADÊMICO. *ESG*. [*S. l.*], 2023. Disponível em: https://scholar.google.com. br /?hl=pt. Acesso em: 7 fev. 2023.

GOOGLE TREND. *ESG*. [*S. l.*], 2023. Disponível em: https://trends.google.com.br/trends/explore?date=all&q=esg&hl=pt. Acesso em: 8 abr. 2023.

GREEN, A. *The future Of ESG investing*. [*S. l.*]: Forbes, 16 fev., 2022. Disponível em: https://www.forbes.com/sites/forbestechcouncil/2022/02/16/the-future-of-esg-investing/?sh=272a4b51573e. Acesso em: 13 jul. 2023.

GOULD, C. *Conheça o Plano de Ação da ACI para uma década cooperativa*. [*S. l.*], 24 jun., 2013. Disponível em: https://cooperativismodecredito.coop.br/2013/06/conheca-o-plano-de-acao-da-aci-para-uma-decada-cooperativa/. Acesso em: 1º nov. 2022.

GUIMARÃES, PAULO RICARDO B. *Métodos quantitativos estatísticos*. Curitiba: IESDE Brasil S.A., 2008. Disponível em: https://www.inf.ufsc.br/~vera.

carmo/LIVROS/LIVROS/Metodos%20Quantitativos%20%20Estatisticos%20 Paulo%20Ricardo%20BittencourtGuimar%E3es.pdf. Acesso em: 13 mar. 2023.

GUPTA, C. The co-operative model as a 'living experiment in democracy'. *Journal of Co-operative Organization and Management*, Amsterdam, v. 2, n. 2, p. 98-107, 2014.

GUZMÁN, I.; ARCAS, N. The usefulness of accounting information in the measurement oftechnical efficiency in agricultural cooperatives. *Annals of Public and Cooperative Economics*, Oxford, v. 79, n. 1, p. 107-131, 2008.

HABEK, P.; WOLNIAK, R. Assessing the quality of corporate social responsibility reports: the case of reporting practices in selected European Union memer states. *Quality & Quantity*, Dordrecht, v. 50, n. 1, p. 399-420, 2016. Disponível em: https://www.researchgate.net/publication/270596966_Assessing_the_quality_of_corporate_social_responsibility_reports_the_case_of_reporting_practices_in_selected_European_Union_member_states. Acesso em: 25 set. 2022.

HASHI, I.; STOJCIC, N. The impact of innovation activities on firm performance using a multi-stage model: evidence from the Community Innovation Survey. *Research Policy*, Amsterdam, v. 42, p. 353-366, 2013.

IBGC – INSTITUTO BRASILEIRO DE GOVERNANÇA CORPORATIVA. *Código das melhores práticas de governança corporativa*. 5. ed. São Paulo: IBGC, 2015, 108 p. Disponível em: https://www.ibgc.org.br//busca?q=c%C3%B3digo%20das%20melhores%20pr%C3%A1ticas%20de%20governan%C3%A7a%20corporativa. Acesso em: 12 abr. 2022.

IBGE – INSTITUTO DE GEOGRAFIA E ESTATÍSTICA. *Censo Agro 2017*. Rio de Janeiro: IBGE, 2017. Disponível em: https://censoagro2017.ibge.gov.br/templates/censo_agro/resultadosagro/pdf/cooperativas.pdf. Acesso em: 19 abr. 2022.

IQBAL, S.; NAWAZ, A.; EHSAN, S. Financial performance and corporate governance in microfinance: evidence from Asia. *Journal of Asian Economics*, Amsterdam, v. 60, p. 1-13, 2019. Disponível em: https://www.sciencedirect.com/science/article/abs/pii/S1049007817301616?casa_token=sxjiecAr30IAAAAA:xuzRe8DKYczeIX3eKvAKxnOHAP-2fNGd6fr3kuhNxxu2RrkrrJigFGS-mxPt6hgGnJMvQ4G EnTnl. Acesso em: 10 jul. 2022.

ICA – INTERNATIONAL COOPERATIVE OF AMERICAS. *Cooperative identity, values & principles*. Brussels: ICA, 2022a. Disponível em: https://www.ica.coop/en/cooperatives/cooperative-identity. Acesso em: 27 jun. 2022.

ICA – INTERNATIONAL COOPERATIVE OF AMERICAS. *Co-ops for 2030*. Brussels: ICA, 2022b. Disponível em: https://www.coopsfor2030.coop/pt. Acesso em: 14 jun. 2022.

ICA – INTERNATIONAL COOPERATIVE OF AMERICAS. *Guidance notes to the co-operative principles*. Brussels: ICA, 2015. Disponível em: https://www.ica.coop/en/media/library/sustainability-reporting-cooperatives-guidebook. Acesso em: 12 set. 2022.

ICA – INTERNATIONAL COOPERATIVE OF AMERICAS. *Plano de ação para uma década cooperativa*, 2013. Disponível em: https://www.yumpu.com/en/document/view/52612774/plano-de-acao-para-uma-decada-cooperativa. Acesso em: 20 maio 2022.

ICA – INTERNATIONAL COOPERATIVE OF AMERICAS. *Sustainability reporting for co-operatives:* a guidebook. Brussels: ICA, 2016. Disponível em: https://www.ica.coop/en/media/library/sustainability-reporting-cooperatives-guidebook. Acesso em: 12 set. 2022.

ICA – INTERNATIONAL COOPERATIVE OF AMERICAS. *World Cooperative Monitor:* exploring the cooperative economy. Brussels: ICA, 2021. Disponível em: https://monitor.coop/. Acesso em: 8 jun. 2022.

IPCC - INTERGOVERNMENTAL PANEL ON CLIMATE CHANGE. *Climate Change 2022: Impacts, Adaptation and Vulnerability*, 2022. Disponível em: https://report.ipcc.ch/ar6/wg2/IPCC_AR6_WGII_FullReport.pdf. Acesso em: 11 ago. 2022.

IRION, JOÃO EDUARDO. *Cooperativismo e economia social*. São Paulo: STS, 1997. 343 p.

JACOBS, MICHAEL. Sustainable development, capital substitution and economic humility: a response to Beckerman. *Environmental Values*, Cambridge, v. 4, n. 1, p. 57-68, 1995. Disponível em: https://www.jstor.org/stable/30301393. Acesso em: 11 abr. 2022.

JACTO AGRÍCOLA. *Cooperativismo agropecuário é responsável por quase 50% do PIB agrícola brasileiro*. [*S. l.*]: G1, 21 set., 2018. Disponível em: https://g1.globo.com/sp/bauru-marilia/especial-publicitario/jacto-agricola/noticia/2018/09/21/cooperativismo-agropecuario-e-responsavel-por-quase-50-do-pib-agricola-brasileiro.ghtml. Acesso em: 24 fev. 2023.

JENKINS, H.; YAKOVLEVA, N. Corporate social responsibility in the mining industry: exploring trends in social and environmental disclosure. *Journal of*

Cleaner Production, Amsterdam, v. 14, n. 3/4, p. 271–284, 2006. Disponível em: https://www.researchgate.net/publication/223730765_Corporate_Social_Responsibility_in_the_Mining_Industry_Exploring_Trends_in_Social_and_Environmenta l_Disclosure. Acesso em: 25 set. 2022.

JUDDOO, kumari *et al*. An impact investment strategy. *Review of Quantitative Finance and Accounting*, New York, v. 61, ed. 1, p. 177-211, 2023. Disponível em: https://www.webofscience.com/wos/woscc/full-record/WOS:000963656600001. Acesso em: 29 jul. 2023.

KARIM, K.; SUH, S.; TANG, J. Do ethical firms create value? *Social Responsibility Journal*, Bradford, v. 12, n. 1, p. 54-68, 2016.

KELL, G. *The remarkable rise of ESG*. [*S.l.*]: Forbes, 2018.
Disponível em: https://www.forbes.com/sites/georgkell/2018/07/11/the-remarkable-rise-of-esg/. Acesso em: 25 set. 2022.

KEMP, R.; PEARSON, P. *Final report MEI project about measuring eco-innovation*. Maastricht: UM Merit, 2007. p. 10 p. Disponível em: https://www.oecd.org/env/consumption-innovation/43960830.pdf. Acesso em: 4 set. 2022.

KALOGERAS, N. et al. Which Cooperative ownership model performs better? A Financial-decision aid approach. *Agribusiness*, Hoboken, v. 29, n. 1, p. 80-95, 2013.

KIESZKOWSKI, DAIANE. *Os reflexos da agenda internacional de ESG sobre meio ambiente no agronegócio brasileiro:* um olhar sobre a Associação Brasileira do Agronegócio (ABAG) e a Confederação da Agricultura e Pecuária do Brasil (CNA). 2021. 33 f. Dissertação (Mestrado) - Instituto de Relações Internacionais, Pontifícia Universidade Católica do Rio de Janeiro, Rio de Janeiro, 2021.

KLAPPER, LEORA; EL-ZOGHBI, MAYADA; HESS, JAKE. *Achieving the sustainable development goals:* the role of financial inclusion. Washington, DC: GCAP, 2016. Disponível em: https://www.cgap.org/sites/default/files/Working-Paper-Achieving-Sustainable-Development-Goals-Apr-2016_0.pdf. Acesso em: 9 out. 2022.

KOLK, A.; PINKSE, J. The integration of corporate governance in corporate social responsibility disclosures. *Corporate Social Responsibility and Environmental Management*, Chichester, v. 17, n. 1, p. 15-26, 2009. Disponível em: https://onlinelibrary.wiley.com/doi/10.1002/csr.196. Acesso em: 25 set. 2022.

KUMAR, V.; WANKHEDE, K. G.; GENA, H. C. Role of cooperatives in improving livelihood of farmers on sustainable basis. *American Journal of Educational Research*, Newark, v. 3, n. 10, p. 1258-1266, 2015. Disponível em: https://doi.org/10.12691/education-3-10-8. Acesso em: 20 jan. 2023.

HARRISON, K. B. et al. *ESG 2.0 — The next generation of leadership*. [*S. l.*]: Harvard Law School Forum on Corporate Governance, 2021.

KRUG, ANDREA URACK. *Manual teórico e prático de governança corporativa para cooperativas*. Porto Alegre: Sescoop/RS, 2019. 144 p.

KRUSE, C.; LUNDGERGH, S. The governance of corporate sustainability. *Rotman International Journal of Pension Management*, Toronto, v. 20, n. 2, p. 46–51, 2010. Disponível em: https://www.semanticscholar.org/paper/The-Governance-of-Corporate-Sustainability-Kruse-Lundbergh/a2e4e086fe8cb872e02ffa19728 86a18049d0b43. Acesso em: 27 set. 2022.

KURIMOTO, A. 1º princípio: adesão livre e voluntária. *In*: CASES. Cooperativa António Sérgio para a Economia Social. *Notas de orientação para os princípios cooperativos*. Lisboa, 2016. Disponível em: https://www.cases.pt/notas-de-orientacao-aos-principios-cooperativos/. Acesso em: 23 abr. 2022.

KYAW, K. Effect of policy uncertainty on environmental innovation. *Journal of Cleaner Production*, Amsterdam, v. 363, [art.] 132645, 2022. Disponível em: https://reader.elsevier.com/reader/sd/pii/S0959652622022442?token=07B46F40E4978DF6C340B0D9EDD31A95B690D8D41D3CF6C033B35F63E09F62210D250712F1675067EF59DBAAA0E16A58&originRegion=us-east-1&originCrea tion=20220907173909. Acesso em: 7 set. 2022.

LANDIM, A. P. M. et al. *Sustentabilidade quanto às embalagens de alimentos no Brasil*. Polímeros, São Carlos, v. 26, p. 82-92, 2016. Disponível em: https://www.scielo.br/j/po/a/Mnh695j5cVys99xsSSx54WM/?format=pdf&lang=p. Acesso em: 20 fev. 2022.

LI, T. T. et al. ESG: research progress and future prospects. *Sustainability*, Basel, v. 13. n. 21, [art.] 11663, 2021. Disponível em: https://www.webofscience.com/wos/woscc/full-record/WOS:000718591900001. Acesso em: 8 maio 2022.

LIERN, V.; PÉREZ-GLADISH, B. Ranking corporate sustainability: a flexible multidimensional approach based on linguistic variables. *International Transactions in Operational Research*, Hoboken, v. 25, p. 1081–1100, 2018. Disponível em: https://onlinelibrary.wiley.com/doi/10.1111/itor.12469. Acesso em: 20 maio 2022.

MACHADO, J. A.; VENDRUSCOLO, M. I.; RODRIGUES, A. T. L. Práticas Ambientais, Sociais e Corporativas (ASG) para um eficiente modelo e gestão sustentável: um estudo de caso. *In*: CONGRESSO USP DE INICIAÇÃO CIENTÍFICA EM CONTABILIDADE, 19., 2022, São Paulo. *Anais*. São Paulo: USP, 2022. Disponível em: https://congressousp.fipecafi.org/anais/22UspInternational/Artigos Download/4049.pdf. Acesso em: 24 set. 2022.

MACKENZIE, C.; REES, W.; RODIONOVA, T. Do responsible investment indices improve corporate socialresponsibility? FTSE4Good's impact on environmental management. *Corporate Governance: An International Review*, Chichester, v. 21, n. 5, p. 495–512, 2013. Disponível em: https://onlinelibrary.wiley.com/doi/10.1111/corg.12039. Acesso em: 28 ago. 2022.

MALHOTRA, N. *Pesquisa de marketing*. 3. ed. Porto Alegre: Bookman, 2001.

MARCIS, J. et al. Sustainability performance evaluation of agricultural cooperatives' operations: a systemic review of the literature. *Environment, Development and Sustainability*, Dordrecht, v. 21, p. 1111-1126, 2019.

MARCONI, M. A.; LAKATOS, E. M. *Técnicas de pesquisa:* planejamento e execução de pesquisas, amostragens e técnicas de pesquisas, elaboração e interpretação de dados. 3. ed. São Paulo: Atlas, 1996.

MARQUES, P. V.; MELLO, P. D.; MARTINES, J. G. *Mercados futuros e de opções agropecuárias*. São Paulo: ESALQ/ USP, 2006.

MARTINS, C. H. B. et al. Da Rio à Rio +20: avanços e retrocessos da Agenda 21 no Brasil. *Indicadores Econômicos FEE*, Porto Alegre, v. 42, n. 3, p. 97-108, 2015. Disponível em: https://revistas.planejamento.rs.gov.br/index.php/indicadores/article/view/3455/3529. Acesso em: 7 set. 2022.

MATTAR, F. N. *Pesquisa de marketing*. 7. ed. Rio de Janeiro: Elsevier, 2014.

MEIRELES, TAÍS. *Acordo de Paris completa cinco anos com lições aprendidas*. Brasília, DF: WWF-Brasil, 12 dez., 2020. Disponível em: https://www.wwf.org.br/?77471/Acordo-de-Paris-completacinco-anos-com-licoes-aprendidas. Acesso em: 4 set. 2022.

MESTRINER, F. *Design de embalagem:* o guia definitivo. Curitiba: Ibema, 2004. Disponível em: https://www.google.com/url?sa=t&rct=j&q=&esrc=s&source=web&cd=&cad=rja&uact=8&ved=2ahUKEwjK2b-H9fX-AhUEvJUCHUS_AXIQFnoECAoQAQ&url=https%3A%2F

%2Fwww.mestriner.com.br%2Febook%2Fguia-design-de-embalagens.pdf&usg=AOvVaw0X9pUQ4ZO_5_HW5OHejnS. Acesso em: 20 out. 2022.

MEINEM, ÊNIO; PORT, MÁRCIO. *O cooperativismo de crédito ontem, hoje e amanhã*. Brasília, DF: Confebrás, 2012. 429 p.

MEURER, S.; MARCON, R. Desempenho de cooperativa: o caso de uma cooperativa de crédito rural. *Organizações Rurais e Agroindustriais*, Lavras, (UFLA), v. 9, n. 3, p. 334-348, 2007.

MONTEIRO, G. F. A. et al. ESG: disentangling the governance pillar. *RAUSP Management Journal*, Bingley, v. 56, n. 4, p. 482-487, 2021. Disponível em: https://www.scielo.br/j/rmj/a/YHYQtyDGTg8msDSLyP4QZDR/?format=pdf&lang=en. Acesso em: 21 ago. 2022.

NAÇÕES UNIDAS DO BRASIL. *Objetivos de desenvolvimento sustentável:* sobre o nosso trabalho para alcançar os objetivos de desenvolvimento sustentável no Brasil. Brasília, DF, 2023. Disponível em: https://brasil.un.org/pt-br/sdgs. Acesso em: 5 mar. 2023.

NEVES, C. E. BAETA; CORRÊA, M. *Pesquisa social empírica:* métodos e técnicas. Porto Alegre: UFRGS, 1998.

NICOLODI, ADELITA. *A responsabilidade socioambiental nas cooperativas agropecuárias:* um estudo de caso na Cotribá. 2021. 75 f. Dissertação (Mestrado) - Programa de Pós-Graduação em Práticas Socioculturais e Desenvolvimento Social, Universidade de Cruz Alta, Cruz Alta, 2021. Disponível em: https://home.unicruz.edu.br/wp-content/uploads/2022/04/DISSERTACAO-FINAL-ADELITA-NICOLODI.pdf. Acesso em: 16 set. 2022.

NITESCU, D.; CRISTEA, M. Environmental, Social and Governance risks: new challenges for the banking business sustainability. *Amfiteatru Economic*, Bucharest, v. 22, n. 55, p. 692–706, 2020. Disponível em: https://ideas.repec.org/a/aes/amfeco/v22y2020i55p692.html. Acesso em: 28 ago. 2022.

NOVKOVIC S.; MINER, K. Co-operative governance fit to build resilience in the face of complexity. *In*: S. NOVKOVIC, S.; MINER, K. (ed.). *Cooperative governance fit to build resilience in the face of complexity*. New Delhi: International Co-operative Alliance, 2015. p. 10–24.

OCB – ORGANIZAÇÃO DAS COOPERATIVAS BRASILEIRAS. *Anuário do cooperativismo brasileiro 2020*. Brasília, DF, 2021. Disponível em: https://somoscooperativismo.coop.br/numeros. Acesso em: 10 jul. 2022.

OCB – ORGANIZAÇÃO DAS COOPERATIVAS BRASILEIRAS. *Anuário do cooperativismo 2022*. Brasília, DF, 2022a. Disponível em: https://anuario.coop.br/. Acesso em: 22 out. 2022.

OCB – ORGANIZAÇÃO DAS COOPERATIVAS BRASILEIRAS. *História do cooperativismo*. Brasília, DF, 2022b. Disponível em: https://www.ocb.org.br/historia-do-cooperativismo. Acesso em: 19 jun. 2022.

OCB – ORGANIZAÇÃO DAS COOPERATIVAS BRASILEIRAS. *Manual de boas práticas de governança cooperativa*. Brasília, DF, 2015. Disponível em: http://www.ocesc.org.br/documentos/manual_boas_praticas.pdf. Acesso em: 10 jul. 2022.

OCDE - ORGANISATION FOR ECONOMIC CO-OPERATION AND DEVELOPMENT. *OCDE work on sustainable development*. Paris: OCDE, 2011. Disponível em: https://www.oecd.org/greengrowth/47445613.pdf. Acesso em: 11 abr. 2022.

OCERGS - ORGANIZAÇÃO DAS COOPERATIVAS DO ESTADO DO RIO GRANDE DO SUL. *Cooperativismo ganha força como impulsionador da economia para 2022*. Porto Alegre: OCERGS, 23 dez., 2021a. Disponível em: https://www.sescooprs.coop.br/noticias/2021/12/23/cooperativismo-ganha-forca-como-impulsionador-da-economia-para-2022/. Acesso em: 21 jun. 2022.

OCERGS - ORGANIZAÇÃO DAS COOPERATIVAS DO ESTADO DO RIO GRANDE DO SUL. *Expressão do cooperativismo 2023 – Ano base 2022*. Porto Alegre: OCERGS, 2023. Disponível em: https://www.sescooprs.coop.br/app/uploads/2023/06/expressao-cooperativismo-gaucho-digital-final.pdf. Acesso em: 2 jul. 2023.

OCERGS - ORGANIZAÇÃO DAS COOPERATIVAS DO ESTADO DO RIO GRANDE DO SUL. *Expressão do cooperativismo 2022 – Ano base 2021*. Porto Alegre: OCERGS, 2022. Disponível em: https://www.sescooprs.coop.br/app/uploads/2022/06/expressao-coop-gaucho-2022.pdf. Acesso em: 4 jul. 2022.

OCERGS - ORGANIZAÇÃO DAS COOPERATIVAS DO ESTADO DO RIO GRANDE DO SUL. *Expressão do Cooperativismo 2021 – Ano base 2020*. Porto Alegre: OCERGS, 2021b. Disponível em: https://www.sescooprs.coop.br/app/uploads/2021/06/expressao-cooperativismo-gaucho-2021.pdf. Acesso em: 12 jun. 2022.

OCERGS - ORGANIZAÇÃO DAS COOPERATIVAS DO ESTADO DO RIO GRANDE DO SUL. *Expressão do cooperativismo. 2020 – Ano base 2019*. Porto Alegre: OCERGS, 2020. Disponível em: https://www.sescooprs.coop.br/app/uploads/2020/07/expressao-cooperativismo-gaucho-2020-ano-base-2019-consolidado.pdf. Acesso em: 27 jun. 2022.

OCERGS - ORGANIZAÇÃO DAS COOPERATIVAS DO ESTADO DO RIO GRANDE DO SUL. *Expressão do cooperativismo 2019 – Ano base 2018*. Porto Alegre: OCERGS, 2019. Disponível em: https://www.sescooprs.coop.br/app/uploads/2019/07/expressao-cooperativismo-gaucho-2019-07-03.pdf. Acesso em: 15 maio 2022.

OCERGS - ORGANIZAÇÃO DAS COOPERATIVAS DO ESTADO DO RIO GRANDE DO SUL. *Expressão do cooperativismo 2018 – Ano base 2017*. Porto Alegre: OCERGS, 2018. Disponível em: https://www.sescooprs.coop.br/app/uploads/2018/07/sescooprs-expressao-cooperativismo-gaucho-2018.pdf. Acesso em: 15 maio 2022.

OCERGS - ORGANIZAÇÃO DAS COOPERATIVAS DO ESTADO DO RIO GRANDE DO SUL. *Expressão do cooperativismo 2017 – Ano base 2016*. Porto Alegre: OCERGS, 2017. Disponível em: https://www.sescooprs.coop.br/app/uploads/2017/07/sescooprs-expressao-cooperativismo-gaucho-2017.pdf. Acesso em: 15 maio 2022.

OCERGS - ORGANIZAÇÃO DAS COOPERATIVAS DO ESTADO DO RIO GRANDE DO SUL. *Princípios do cooperativismo – Ano base 2021*. Porto Alegre: OCERGS, 2022. Disponível em: https://www.sescooprs.coop.br/cooperativismo/principios/. Acesso em: 11 set. 2022.

OLIVEIRA, C. J. B; GEBREYES, W. A. Connecting environmental, social and corporate governance (ESG) practices for a better world. *One Health*, Amsterdam, v. 15, [art.] 100435, 2022. Disponível em: https://www.sciencedirect.com/science/article/pii/S2352771422000672?via%3Dihub#bb0040. Acesso em: 13 jul. 2023.

OLIVEIRA, JOSÉ A. PUPPIM DE. Rio+20: o que podemos aprender com o processo de discussão e o que está faltando? *Cadernos EBAP.BR*, Rio de Janeiro, v. 3, n. 10, [art.] 2, p. 493-507, set., 2012. Disponível em: https://periodicos.fgv.br/cadernosebape/article/view/5476. Acesso em: 21 abr. 2022.

OLIVEIRA JÚNIOR, O. D. P.; WANDER, A. E. Cooperativismo agroindustrial: diagnóstico atual da região centro-oeste brasileira. *Revista de Gestão e Organizações Cooperativas*, Santa Maria, v. 7, n. 13, p. 146-162, 2020. Disponível em: https://doi.org/10.5902/2359043238585. Acesso em: 24 jan. 2023.

ORLITZKY, M.; SCHMIDT, F. L.; RYNES, S. L. Corporate social and financial performance: a meta-analysis. *Organization Studies*, Berlin, v. 24, n. 3, p. 403-441, 2003. Disponível em: https://www.scopus.com/record/display.uri?eid=2-s2.0-0042090748&origin=reflist&sort=plff&src=s&st1=future+to+esg&nlo=&nlr=&nls=&sid=fc568aa1f387d3f0a99393b2201b6fe2&sot=b&sdt=b&sl=28&s=TITLE-AB S-KEY%28future+to+esg%29&featureToggles=FEATURE_NEW_ DOC_DETAI LS_EXPORT:1. Acesso em: 24 abr. 2022.

PACTO GOLBAL. REDE BRASIL. *ESG:* entenda o significado da sigla ESG (Ambiental, Social e Governança) e saiba como inserir esses princípios no dia a dia de sua empresa. [*S. l.*], 2023. Disponível em: https://www.pactoglobal.org.br/pg/esg. Acesso em: 28 jan. 2023.

PACTO GOLBAL. REDE BRASIL. *Plataformas de ação*. [*S. l.*], 2022. Disponível em: https://www.pactoglobal.org.br/plataformas-de-acao. Acesso em: 8 set. 2022.

PACTO GLOBAL; STILINGUE. *A evolução do ESG no Brasil*. [*S. l.*], maio, 2021. Disponível em: https://www.pactoglobal.org.br/noticia/520/stilingue-e--rede-brasil-do-pacto-global-lancam-estudo-sobre-a-evolucao-do-esg-no-brasil. Acesso em: 25 set. 2022.

PACTO GLOBAL. REDE BRASIL. *Objetivos do desenvolvimento sustentável*. [*S. l.*], 2020. Disponível em: https://www.pactoglobal.org.br/ods. Acesso em: 10 mar. 2023.

PENTEADO, T. A.; STEFANO, S. R.; COSTA, Z. F. Estratégias e práticas de gestão, orientadas à sustentabilidade organizacional: um estudo em uma cooperativa de crédito no estado do Paraná. *Revista de Gestão e Organizações Cooperativas*, Santa Maria, v. 8, n. 15, [p. 1-37], 2021. Disponível em: https://doi.org/10.5902/2359043243421. Acesso em: 21 out. 2022.

PEREIRA, WILSON, TANAKA, OSWALDO K. *Estatística:* conceitos básicos. São Paulo: Makron Books, 1990.

PEZZINI, E. Cooperatives, good companies 'By definition'? *In*: The Sixth International Conference on Catholic Social Thought and Management Education, 6., 2006, Rome. [*Papers*]. [*S. l: s. n*], 2006, p. 1-24.

PINTO, NELSON GUILHERME MACHADO; REISDORFER, VITOR KOCHHANN. *Governança cooperativa*. Santa Maria: Colégio Politécnico UFSM, 2015. Disponível em: https://www.ufsm.br/app/uploads/sites/413/2018/11/13_governanca_cooperativa.pdf. Acesso em: 16 jun. 2023.

PODSHIVALOVA, M. V.; ALMRSHED, S. K. Managing the innovation potential of small high-tech enterprises. *Upravlenec*, Yekaterinburg v. 12, n. 4, p. 16-27, 2021.

PONTE, M. L.; WENCESLAU, E. C. (org.). *Sustentabilidade:* conceito articulador de saberes e práticas. São José do Rio Preto: Ed. Reconecta Soluções Educacionais, 2022. Disponível em: https://www.researchgate.net/profile/Helena-Silva-42/publication/361729989_GEODIVERSIDADE_AVALIACAO_E_CLASSIFICACAO_DE_HIDROSSITIO_APLICACAO_NO_SEGMENTO_DO_PARQUE_AMBIENTAL_ENCONTRO_DOS_RIOS_TERESINA_PIAUI_BRASIL/links/62c1f6340bf6950edea7ddcd/GEODIVERSIDADE-AVALIACAO-E-CLASSIFICACAO-DE-HIDROSSITIO-APLICACAO-NO-SEGMENTO-DO-PARQUE-AMBIENTAL-//ENCONTRO-DOS-RIOS-TERESINA-PIAUI-BRASIL.pdf#page=10. Acesso em: 7 set. 2022.

PRI - PRINCIPLES FOR RESPONSIBLE INVESTMENT. *A blueprint for responsible investment. United Nations*. London: PRI, 2021. Disponível em: https://www.unpri.org/download?ac=10948. Acesso em: 7 set. 2022.

PWC - PRICEWATERHOUSECOOPERS BRASIL LTDA. *Divulgações de ESG no Ibovespa*. [*S. l.*], 2022. Disponível em: https://www.pwc.com.br/pt/publicacoes/assets/2021/esg-ibovespa-interativo.pdf. Acesso em: 30 maio 2022.

RIBEIRO, P. C. C. Logística na indústria de laticínios: dois estudos de caso em cooperativas. *Cadernos de Debate*, Campinas, n. 7, p. 45-64, 1999.

RICHARDSON, ROBERTO J. *Pesquisa social:* métodos e técnicas. São Paulo: Atlas, 1999. 334 p.

RIO GRANDE DO SUL. Secretaria de Planejamento, Governança e Gestão. Departamento de Economia e Estatística. *Idese*. Porto Alegre, 2022. Disponível em: https://dee.rs.gov.br/idese. Acesso em: 12 jun. 2022.

ROCHA, P. C. P. C. B. M. *Potencial do lixo na geração de créditos de carbono:* a experiência da Usina Verde. 2011. 46 f. Trabalho de Conclusão de Curso (Monografia de Final de Curso) – Departamento de Economia, Pontifícia

Universidade Católica do Rio de Janeiro, Rio de Janeiro, 2011. Disponível em: http://www.econ.pucrio.br/uploads/adm/trabalhos/files/Poliana_Carolina_Paterson_C._B._M._da_Rocha.pdf. Acesso em: 30 ago. 2022.

ROOPNARAIN, ASHIRA et al. Unravelling the anaerobic digestion 'black box': biotechnological approaches for process optimization. *Renewable and Sustainable Energy Reviews*, London, v. 152, [art.] 111717, dec., 2021. Disponível em: https://www.sciencedirect.com/science/article/abs/pii/S1364032121009916. Acesso em: 16 set. 2022.

SAADAOUI, K.; SOOBAROYEN, T. An analysis of the methodologies adopted by CSR rating agencies. *Sustainability Accounting, Management and Policy Journal*, Bingley, v. 9, n. 1, p. 43–62, 2018. Disponível em: https://www.emerald.com/insight/content/doi/10.1108/SAMPJ-06-2016-00 31/full/html. Acesso em: 20 maio 2022.

SACHS, J. et al. *Sustainable development report 2022:* from crisis to sustainable development the SDGs as roadmap to 2030 ans beyond. Cambridge: University of Cambridge, 2022.

SAMPAIO, TUANE BAZANELLA. *Metodologia da pesquisa*. Santa Maria: UFSM, CTE, UAB, 2022. Disponível em: https://www.ufsm.br/app/uploads/sites/358/2022/07/MD-Metodologia-da-Pesquisa.pdf. Acesso em: 25 set. 2022.

SAUNDERS, M.; BROMWICH, D. New model rural cooperatives in Gansu: a case study. *Journal of Enterprising Communities*, Bradford, v.6, n. 4, p. 325-338, 2012.

SCALET, S.; KELLY, T. F. CSR rating agencies: what is their global impact? *Journal of Business Ethics*, Dordrecht, v. 94, p. 69–88, 2010. Disponível em: https://link.springer.com/article/10.1007/s10551-009-0250-6. Acesso em: 20 maio 2022.

SCHEIDT, G. B.; STEFANO, S. R.; KOS, S. R. Desempenho da sustentabilidade em uma cooperativa de crédito: uma proposta de análise na visão dos gestores. *Revista de Administração IMED*, Passo Fundo, v. 9, n. 1, p. 71-93, 2019.Disponível em: https://seer.atitus.edu.br/index.php/raimed/article/view/3248/2204. Acesso em: 14 out. 2022.

SCHNEIDER, J. O. O cooperativismo o e a promoção do desenvolvimento sustentável. *Extensão Rural*, Santa Maria, v. 8, p. 63-98, jan./dez., 2001.

SEBRAE - SERVIÇO BRASILEIRO DE APOIO ÀS MICRO E PEQUENAS

EMPRESAS. *Cooperativismo e ESG: combinam?* [*S. l.*], 9 mar., 2023. Disponível em: https://sebrae.com.br/sites/PortalSebrae/artigos/cooperativismo-e--esg-combinam,f9fb83cf1b192810VgnVCM100000d701210aRCRD. Acesso em: 27 jan. 2023.

SELIM, OMAR. The beauty and the beast of sustainable investing. *In*: BRIL, H.; KELL, G.; RASCHe, A. (ed.). *Sustainable Investing:* a path to a new horizon, 2020, Abingdn: Routledge, 2020. p. 1-14 Disponível em: https://books.google.com.br/books?id=M276DwAAQBAJ&printsec=frontcover&hl=pt-BR#v=onepage&q&f=false. Acesso em: 9 jul. 2023.

SESCOOP/ SP - SERVIÇO NACIONAL DE APRENDIZAGEM DO COOPERATIVISMO NO ESTADO DE SÃO PAULO. *ESG, ODS e cooperativismo.* São Paulo, 2021. Disponível em: https://www.sistemaocesp.coop.br/arquivos/imagens/jornalismo/7998_433611_202 10629111624.pdf. Acesso em: 22 jun. 2022.

SEGUÍ-MAS, E.; ARAYA, H. M. B.; POLO-GARRIDO, F. Sustainability assurance on the biggest cooperatives of the world: an analysis of their adoption and quality. *Annals of Public and Cooperative Economics*, Oxford, v. 86, n. 2, p. 363-383, 2015. Disponível em: https://www.researchgate.net/publication/276268911_Sustainability_. Acesso em: 27 set. 2022.

SEGUÍ-MAS, E. et al. Why do cooperatives assure their CSR reports? An analysis of the motivations and benefits in a big retail cooperative. *CIRIEC--España: Revista de Economía Pública, Social y Cooperativa*, Valencia, n. 87, p. 39–68, 2016. Disponível em: https://ojs.uv.es/index.php/ciriecespana/article/view/7182. Acesso em: 12 set. 2022.

SHAIKH, IMLAK. Environmental, social, and governance (ESG) practice and firm performance: an international evidence. *Journal of Business Economics and Management*, Stralsund, v. 23, n. 1, p. 218-237, 2022. Disponível em: https://journals.vilniustech.lt/index.php/JBEM/article/view/16202. Acesso em: 12 abr. 2022.

SIEW, PENG LEE; MANSOR, ISA. Environmental, social and governance (esg) practices and performance in shariah firms: agency or stakeholder theory? *Asian Academy of Management Jornal of Accouting and Finance*, Pulau Pinang, v. 16, n. 1, p. 1-34, 2020. Disponível em: https://ejournal.usm.my/aamjaf/article/view/aamjaf_vol16-no1-2020_1/pdf. Acesso em: 10 mar. 2023.

SILVA, C. L.; MENDES, J. T. G. (org.). *Reflexões sobre o desenvolvimento sustentável:* agentes e interações sob a ótica multidisciplinar. Petrópolis: Vozes, 2005.

SÌMNETT, R.; VANSTRAELEN, A.; CHUA, W. F. Assurance on sustainability reports: an international comparison. *The Accounting Review*, Sarasota, v. 84, n. 3, p. 937-967, 2009. Disponível em: https://www.scopus.com/record/display.uri?eid=2-s2.067650760573&origin=reflist&sort=plf-f&src=s&st1=future+to+esg&nlo=&nlr=&nl s=&sid=fc568aa1f387d3f0a99393b2201b6fe2&sot=b&sdt=b&sl=28&s=TITLE-ABS-KEY%28future+to+esg%29&featureToggles=FEATURE_NEW_DOC_DET AILS_EXPORT:1. Acesso em: 25 abr. 2022.

SIMMONS, R.; BIRCHALL, J. The role of co-operatives in poverty reduction: network perspectives. *The Journal of Socio-Economics*, Amsterdam, v. 37, n. 6, p. 2131-2140, 2008. Disponível em: http://doi.org/10.1016/j.socec.2008.04.016. Acesso em: 27 jun. 2022.

SOMOSCOOP. *Cooperativas querem liderança do mercado ESG*. [*S. l.*]: G1, 25 out. 2022. Disponível em: https://g1.globo.com/especial-publicitario/somos-coop/noticia/2022/10/25/cooperativas-querem-lideranca-do-mercado-esg-1.ghtml. Acesso em: 12 mar. 2023.

SOUZA, U. R. D.; BRAGA, M. J.; FERREIRA, M. A. M. Fatores associados à eficiência técnica e de escala das cooperativas agropecuárias paranaenses. *Revista de Economia e Sociologia Rural*, Brasília, DF, v. 49, n. 3, p. 573-597, 2011.

SPRICIGO, L. P. *Compliance no agronegócio:* o selo mais integridade do Ministério da Agricultura, Pecuária e Abastecimento como iniciativa positiva de fomento a práticas ESG. 2021. 60 f. Trabalho de Conclusão de Curso (Bacharelado em Direito) - Universidade de Brasília, Brasília, DF, 2021. Disponível em: https://bdm.unb.br/handle/10483/30393. Acesso em: 6 set. 2022.

TALIENTO, M.; FAVINOAND, C.; NETT, A. Impact of environmental, social, and governance information on economic performance: evidence of a corporate 'Sustainability Advantage' from Europe. *Sustainability*, Basel, v. 11, [art.] 1738, 2019. Disponível em: moz-extension://2769465e-9ceb-45cb-94af-5b15b167e946/enhancedreader.html?pdf=https%3A%2F%2Fbrxt.mendeley.com%2Fdocument%2Fcontent%2F48ae2953-619f-3b44-835b-cc745989d4ee. Acesso em: 1º ago. 2022.

THOMSON REUTERS. *Thomson Reuters ESG scores*. [*S. l.*], Mar. 2017. Disponível em: https://www.esade.edu/itemsweb/biblioteca/bbdd/inbbdd/archivos/Thomson_ Reuters_ESG_Scores.pdf. Acesso em: 25 set. 2022.

THRIKAWALA, SUJANI; LOCKE, STUART, REDDY, KRISHNA. *Gender diversity and financial performance of Microfinance Institutions (MFIs):* evidence from a developing country in South Asia. [Base de dados SSRN]. [*S. l.*], 25 Nov. 2013. Disponível em: https://ssrn.com/abstract=2392223. Acesso em: 12 jul. 2022.

TONG, Y.; NENGMIN, W. Urban Innovation Based on the Environmental Management. *In*: 2009 INTERNATIONAL CONFERENCE ON ENVIRONMENTAL SCIENCE AND INFORMATION APPLICATION TECHNOLOGY, 2009, Wuhan, China. *Proceeding of the* [...].Piscataway: IEEE, 2009. [paper n. 10816048]. Disponível em: https://ieeexplore.ieee.org/stamp/stamp.jsp?tp=&arnumber=5200082. Acesso em: 16 jul. 2022.

TURZO, TERESA *et al*. Non-financial reporting research and practice: lessons from the last decade. *Journal of Cleaner Production*, Amsterdam, v. 345, [art.] 131154, 2022.

UN – UNITED NATIONS. Global Compact. *Food and agriculture business principles*. New York, 2016a. Disponível em: https://d306pr3pise04h.cloudfront.net/docs/issues_doc%2Fagriculture_and_food%2FFABPs_Flyer.pdf. Acesso em: 3 mar. 2023.

UN – UNITED NATIONS. Global Compact. Rede Brasil. *Os princípios empresariais para alimentos e agricultura como orientadores para os objetivos de desenvolvimento sustentável*. [*S. l.*], ago., 2016b. Disponível em: https://d15k2d11r6t6rl.cloudfront.net/public/users/Integrators/7ba73aaa-3da9-4cf1--abf2-ccc85dea5875/uid_3084837/2016%20-%20PEAAS_ODS_Port_2016.pdf. Acesso em: 3 mar. 2023.

UN – UNITED NATIONS. *Report of the world Commission on Environment and Development:* our common future. New York, 1989. Disponível em: https://sustainabledevelopment.un.org/content/documents/5987our-common-future.pdf. Acesso em: 30 jul. 2022.

UN – UNITED NATIONS. *Transforming our world:* the 2030 agenda for sustainable development. New York: UN Publishing, 2015. Disponível em: https://scholar.google.com/scholar_lookup?title=Transforming%20our%20

World%3A%20The%202030%20Agenda%20for%20Sustainable%20 Development&publication_year=2015&author=United%20Nations. Acesso em: 13 jul. 2023.

UNEP FI - FINANCE INITIATIVE. *Responsabilidade fiduciária:* aspectos legais e práticos da integração de questões ambientais, sociais e de governança em investimentos institucionais. Geneva: UNEP, july, 2009. Disponível em: https://www.unepfi.org/fileadmin/publications/investment/Executive%20summary%20-%20Fiduciary%20responsibility%20-%20Portuguese.pdf. Acesso em: 10 abr. 2022.

UNGARETTI, MARCELLA. *ESG de A a Z:* tudo o que você precisa saber sobre o tema. [*S. l.*]: XP Investimentos, 14 set., 2022. Disponível em: https://conteudos.xpi.com.br/esg/esg-de-a-a-z-tudo-o-que-voce-precisa-saber-sobre-o-tema/. Acesso em: 29 dez. 2022.

VOSGERAU, DILMEIRE. S. R.; ROMANOWSKI, JOANA. P. Estudos de revisão: implicações conceituais e metodológicas. *Diálogo Educacional*, Curitiba, v. 14, n. 41, p. 165-189, jan./abr., 2014. Disponível em: http://dx.doi.org/10.7213/dialogo.educ.14.041.DS0. Acesso em: 21 jan. 2023.

WAAS, T. et al. Sustainable development: a bird's eye view. *Sustainability*, Basel, v. 3, n. 10, p.1637-1661, 2011. Disponível em: https://www.researchgate.net/publication/227439233_Sustainable_Development_A_Bird's_Eye_View/references. Acesso em: 25 set. 2022.

WANG, NI et al. How do ESG practices create value for businesses? Research review and prospects. *Sustainability Accouting, Management and Policy Journal*, Bingley, 28 feb., 2023. Disponível em: https://www.emerald.com/insight/content/doi/10.1108/SAMPJ-12-2021-0515/full/html. Acesso em: 11 jun. 2023.

WEB OF SCIENCE [Base de dados]. [*S. l.*]: Clarivate, 2023. Disponível em: https://www.webofscience.com/wos/woscc/analyze-results/861c97c7-4010-4d58-84eb-355655297074-9ecbc2db. Acesso em: 10 fev. 2023.

WELLALAGE, N. H.; LOCKE, S. A.; SAMUJH, H. Corruption, gender and credit constraints: evidence from South Asian SMEs, *Journal of Business Ethics*, Dordrecht, v. 159, n. 1, p. 267-280, 2019.

WERNER, M. G. *A aplicabilidade dos princípios do cooperativismo na gestão cooperativa como uma vantagem competitiva*. 2019. Trabalho de Conclusão de Curso (Especialização) - Curso de Pós-Graduação *Lato Sensu* em Gestão de

Cooperativas, Departamento de Ciências Administrativas, Contábeis, Econômicas e da Comunicação, Universidade Regional do Noroeste do Estado do Rio Grande do Sul, Ijuí, 2019. Disponível em: https://bibliodigital.unijui.edu.br:8443/xmlui/bitstream/handle/123456789/5875/Moises%20Geovani%20Werner.pdf?sequence=1&isAllowed=y. Acesso em: 29 jul. 2023.

WILSON, N.; HALL, T.; FIELDS, D. Measuring retail service quality in farm supply cooperatives. *International Food and Agribusiness Management Review*, Stamford, v. 14, n. 1, p. 1-22, 2011.

WINDOLPH, S. E. Assessing corporate sustainability through ratings: Challenges and their causes. *Journal of Environmental Sustainability*, [Índia], v. 1, n. 1, p. 61– 81, 2011. Disponível em: https://scholarworks.rit.edu/cgi/viewcontent.cgi?article=1004&context=jes. Acesso em: 20 maio 2022.

WORLD BANK. The Global Compact. *Who cares wins:* connecting financial markets to a changing world: recommendations by the financial industry to better integrate environmental, social and governance issues in analysis, asset management and securities brokerage. [*S. l.*], 2004. Disponível em: https://documents.worldbank.org/en/publication/documents-reports/documentdetail/280911488968799581/who-cares-wins-connecting-financial-markets-to-a-changing-world. Acesso em: 9 set. 2022.

WORLD BANK. *People, pathogens, and our planet:* volume 1: towards a one health approach for controlling zoonotic diseases. Washington. DC, 2010. (Report n. 50833-GLB). Disponível em: https://openknowledge.worldbank.org/entities/publication/a7275430-1b79-5de4-adf0-72b38a6fac7b. Acesso em: 9 set. 2022.

YALIN, L. et al. Government-led sustainability: reporting by China's HEIs. *Journal of Cleaner Production*, Amsterdam, v. 230, p. 445-459, 2019. Disponível em: https://www.sciencedirect.com/science/article/abs/pii/S0959652619314611. Acesso em: 25 set. 2022.

YILDIRIM, M.; EVEREST, B. Adaptation to sustainable energy use: a case study on agricultural cooperatives. *Kuwait Journal of Science*, Khaldia, v. 49, n. 3, p. 1-17, 2022. Disponível em: https://www.webofscience.com/wos/woscc/full-record/WOS:000810360300008. Acesso em: 11 set. 2022.

YOSHIDA, C. Y. M.; VIANNA, M. D. B.; KISHI, S. A. S (coord.). *Finanças sustentáveis:* ESG, compliance, gestão de riscos e ODS. Brasília, DF: CNJ. CNMP. ABRAMPA, 2021. Disponível em: https://www.cnmp.mp.br/portal/images/noticias/2021/dezembro/Financas_sustentaveis_final.pdf. Acesso em: 23 ago. 2022.

ZEULI, K. A. et al. Cooperatives: principles and practices in the 21st century. Madison: University of Wisconsin Center for Cooperatives, 2004.

ZHAO, C. et al. ESG and corporate financial performance: empirical evidence from china's listed power generation companies. Sustainability, Basel, v. 10, n. 8, [art.] 2607, 2018. Disponível em: https://www.mdpi.com/20711050/10/8/2607#cite. Acesso em: 9 out. 2022.

ZWAAN, LAURA DE; BRIMBLE, MARK; STEWART, J. Member perceptions of ESG investing through superannuation. Sustainability Accounting Management and Policy Journal, Bingley, v. 6, n. 1, p. 79-102, 2015. Disponível em: https://www.webofscience.com/wos/woscc/fullrecord/WOS:000359786200005. Acesso em: 15 maio 2022.

APÊNDICE 1: CONSTRUCTOS DO ESTUDO

<table>
<tr><td rowspan="14">Ambiental (Environmental)</td><td>A cooperativa divulga publicamente seus indicadores de desempenho ambiental?</td><td rowspan="14">ESCRIG-OLMEDO et al. (2019); ANDRADE et al. (2018); YILDIRIM E EVEREST (2022); ASHIRA (2021); WIATER E HORYSZ (2017); CONLON ((2021); MESTRINER (2004); SILVA E MENDES (2005); LANDIM (2016); EMBRAPA (2022); CANAL RURAL (2020); WWF (2020); IPCC (2022); ASSAD (2008); ROCHA (2011); KYAW (2022); MACHADO et al. (2021); TONG E NENGMIN (2009); KEMP E PEARSON (2007); OCB/ MS (2010); ICA (2015); SEGUÍ-MAS et al. (2016).</td></tr>
<tr><td>A cooperativa divulga relatórios de sustentabilidade?</td></tr>
<tr><td>A cooperativa desenvolve ações de preservação do ar, água e solo?</td></tr>
<tr><td>Há projetos de inovação ambiental?</td></tr>
<tr><td>A cooperativa evita danos ambientais?</td></tr>
<tr><td>Quantos projetos ambientais houve em 2021?</td></tr>
<tr><td>Há aproveitamento por parte da cooperativa dos resíduos provenientes de animais e vegetais e ela os transforma em biofertilizantes, biogás e outros, através de biodigestores?</td></tr>
<tr><td>Há reciclagem de embalagens plásticas usadas? Por exemplo: copos, pratos, talheres, etc.</td></tr>
<tr><td>A cooperativa tem algum plano para reduzir e/ou evitar desperdícios? Por exemplo: energia, água, etc?</td></tr>
<tr><td>As embalagens utilizadas nos produtos que a cooperativa produz são sustentáveis? Isto é, são pensados na parte ambiental, social e de governança?</td></tr>
<tr><td>A cooperativa desenvolve produtos sustentáveis?</td></tr>
<tr><td>Existem projetos ou cursos sobre educação ambiental na cooperativa?</td></tr>
<tr><td>A cooperativa negocia créditos de carbono?</td></tr>
<tr><td>A cooperativa incentiva os associados a comercializar os créditos de carbono que eles produzem?</td></tr>
</table>

Ambiental (Environmental)	A cooperativa faz reciclagem ou separação e descarte corretamente dos lixos seco, orgânico e agrotóxico?	
	A cooperativa monitora e documenta seus possíveis impactos e riscos ambientais?	
	A cooperativa tem projeto ou programa visando a redução do desmatamento e o aumento do florestamento e do reflorestamento?	
	Energia renovável é aquela que vem de recursos que são naturalmente reabastecidos, como sol, vento, chuva, mares e energia geotérmica. A cooperativa usa energia de recursos renováveis?	
	Existe(m) projeto(s) para o uso de novas fontes de energia renovável?	
	A cooperativa viabiliza acesso do crédito aos produtores para implantar energia renovável (solar, eólica e outras)?	
	A cooperativa se abastece com água de rios, açudes, lagos, poços artesianos ou barragens?	
	Se a cooperativa se abastece com a água de rios, açudes, lagos, poços artesianos ou barragens, qual é o percentual sobre o total do consumo de água anual?	
	A cooperativa tem reservatório para coletar água da chuva?	
	A cooperativa tem programas para a redução do consumo de água?	
	Há reutilização de água na cooperativa?	
	Biodiversidade é o conjunto de todas as espécies de seres vivos existentes na biosfera (ecossistemas existentes na terra). Há incentivo e programas de preservação e/ou recuperação das nascentes e da biodiversidade?	

Ambiental (Environmental)	Existe alguma iniciativa da cooperativa e/ou programa de controle e mensuração de geração de resíduos?	
	O Brasil se comprometeu no Acordo de Paris a reduzir suas emissões de gases de efeito estufa (GEE) em até 37% (comparados aos níveis emitidos em 2005) até 2025, estendendo essa meta para 43% até 2030. A cooperativa tem ações para redução, medição e monitoramento dos gases de efeito estufa?	
	Combustíveis fósseis são combustíveis não renováveis e que foram formados há milhares de anos a partir de restos de animais e vegetais, como por exemplo petróleo e carvão vegetal. A cooperativa utiliza outros combustíveis, que não os fósseis?	
	Existem iniciativas ou programas de redução no uso de combustíveis fósseis?	
	A cooperativa tem políticas ambientais formalmente descritas?	
	A cooperativa busca seguir as leis, normas e regulamentos ambientais federais, estaduais e municipais?	
	A cooperativa cumpriu a legislação ambiental nos últimos três anos, sem multas ou notificações?	
	A cooperativa investe em projetos de conservação, conscientização e educação ambiental na(s) comunidade(s) onde está inserida?	
	A cooperativa tem ações individuais ou conjuntas com outras cooperativas/organizações/empresas/entidades para promover a sustentabilidade?	
	A cooperativa recebeu nos últimos três anos algum prêmio de sustentabilidade e/ou ESG?	
	Existe gestão da qualidade e do meio ambiente voltados para a certificação e licenças ambientais?	

Social (social)	A cooperativa divulga publicamente seus indicadores de desempenho social?	FATEMI *et al.* (2017); WELLALAGE *et al.* (2019); ADAMS E FERREIRA (2009); COOPER (2017); FIORDELISI E RICCI (2014); DIKOLLI *ET al.* (2014); FASSIN *et al.* (2015); JAMALI E NEVILLE (2011); KARIM *et al.* (2016); TST (2016); OLMEDO *et al.* (2019); MACHADO *et al.* (2022).
	A cooperativa viabiliza acesso e/ou financiamento para projetos sustentáveis para os associados?	
	A cooperativa incentiva e investe em projetos sociais, esportivos na(s) comunidade(s) em que está inserida?	
	Quantos projetos sociais houve em 2021?	
	A cooperativa realiza estudos e mapeamento de ações de impacto direto e indireto na(s) comunidade(s) onde está inserida?	
	Há boas condições de trabalho na cooperativa: com ambiente iluminado, ventilado, limpo, com utilização de EPI (Equipamento de Proteção Individual), respeitando as normas de segurança do trabalho?	
	É respeitada a idade mínima do trabalho, que segundo a legislação é de 16 ou 14 anos, em caso de menor aprendiz?	
	A cooperativa preza por diversidade nas equipes (gênero/raça/deficiência/orientação sexual/faixa etária)?	
	A cooperativa realiza pesquisa periódica de clima organizacional e monitoramento para o aperfeiçoamento das relações de trabalho?	
	A cooperativa possui canal de relacionamento anônimo (SAC) para críticas, sugestões e perguntas de seus associados, colaboradores e clientes?	

Social (social)	Qual o percentual de sócios homens?	
	Qual o percentual de sócias mulheres?	
	Qual o percentual de colaboradores homens?	
	Qual o percentual de colaboradoras mulheres?	
	Qual o percentual de dirigentes homens?	
	Qual o percentual de dirigentes mulheres?	
	Os colaboradores recebem benefícios além das exigências legais? Se sim, marque os benefícios que a cooperativa oferta.	
	Os acidentes de trabalho são contabilizados?	
	Do total dos colaboradores, qual o percentual (%) deles tem curso superior?	
	Como está a remuneração dos colaboradores em relação ao mercado de trabalho?	
	Quanto às sobras, qual o percentual (%) destinado ao desenvolvimento de novos projetos na cooperativa em 2021?	
	A cooperativa utiliza e tem acesso às tecnologias de ponta?	
	A cooperativa proporciona assistência técnica aos cooperados?	
	Como está a marca da cooperativa no mercado onde comercializa seus produtos?	
	Qual o tempo médio em que o(s) diretor (es) executivo(s) ou superintendente(s)/ CEO(s)/ gerente(s) geral(is) estão no cargo?	

Governança (governance)	Autogestão: é o processo pelo qual os cooperados são responsáveis pela direção e prestação de contas da cooperativa. Os agentes de governança (cooperados, assembleia geral, conselho de administração, conselho fiscal, conselho consultivo, comitês técnicos, auditoria independente, gestão executiva) respondem pelas consequências de seus atos e omissões?	IBGC (2015); OCB (2016); YOSHIDA (2021); THRIKAWALA *et al.* (2013); OCB (2015); ARAYSSI *et al.* (2020); BOEHE E CRUZ (2013); CIOCIRLAN E PETTERSSON (2012); CMEF (2012); IQBAL *et al.* (2019); GALEMA *et al.* (2012).
	Senso de Justiça: é o tratamento dado a todos os cooperados com igualdade e equidade em suas relações com a cooperativa e nas relações da cooperativa com as demais partes interessadas. Todos os sócios e demais partes interessadas (stakeholders), têm tratamento igual, levando em consideração seus direitos, deveres, necessidades, interesses e expectativas?	
	Transparência: visa facilitar voluntariamente o acesso dos interessados às informações, além das exigidas por dispositivos legais, criando um ambiente de relacionamento confiável e seguro. A cooperativa disponibiliza para as partes interessadas as informações que sejam de seu interesse e não apenas aquelas impostas por disposições de leis ou regulamentos?	

Governança (governance)	Educação: investir no desenvolvimento do quadro social visando formar lideranças que tragam em seus conhecimentos de gestão e administração a essência da identidade cooperativa. A cooperativa investe no desenvolvimento do quadro social?	
	Sustentabilidade: significa buscar a gestão ética nas relações internas e externas para geração e manutenção de valor a todas as partes interessadas, visando à perenidade da cooperativa. A cooperativa visa e possui uma gestão ética na relação com todos os stakeholders (partes interessadas)?	
	Prestação de contas: a cooperativa divulga publicamente seus indicadores de desempenho da governança?	
	Responsabilidade corporativa: os agentes de governança devem estar atentos, em seu plano de negócio, aos aspectos econômicos, intelectuais, sociais, ambientais e de governança. Os agentes de governança estão atentos a todos esses aspectos a curto, médio e longo prazo?	
	A presidente do conselho de administração/CEO da cooperativa é do sexo feminino?	
	Quantas (nº) diretoras eleitas há na cooperativa?	
	Quantos (nº) diretores eleitos há na cooperativa?	

Governança (governance)	O presidente do conselho de administração e o presidente executivo da cooperativa são diferentes pessoas?	
	Há um plano de remuneração para o Conselho de Administração?	
	Há auditoria interna?	
	Há auditoria externa?	
	Há comitê de governança?	
	Há outros comitês?	
	Você considera que os conflitos de interesse entre as partes interessadas da cooperativa, são bem administrados?	
	Os responsáveis pela gestão executiva são contratados (diretor (es) executivo(s), superintendente(s), CEO(s), gerente(s) geral(is))?	
	Qual é o número total de conselheiros de administração, incluindo efetivos e suplentes?	
	Qual é o número total de mulheres que fazem parte do conselho de administração, incluindo efetivos e suplentes?	
	Qual é o número total de homens que fazem parte do conselho de administração, incluindo efetivos e suplentes?	
	Os conselheiros e diretores conhecem bem o negócio da cooperativa e todos têm vivência prática no agronegócio cooperativo e em gestão e governança?	

Governança (governance)	Há alguma exigência de qualificação prévia para ser candidato a conselheiro de administração ou fiscal?	
	A remuneração dos conselheiros de administração é fixa mais variável, atrelado a resultados?	
	Os conselheiros de administração participam da educação continuada, como programas de atualização, congressos, feiras setoriais e outros eventos que possam potencializar sua capacidade de contribuição para a cooperativa?	
	Os conselheiros de administração avaliam os perfis dos principais cargos de liderança para o plano de sucessão?	
	Existem mecanismos internos de *compliance* (cumprir e fazer cumprir as normas legais e regulamentares, as políticas e as diretrizes estabelecidas) instituídos?	
	A cooperativa tem boa relação com órgãos dos governos federal, estadual e municipal?	
	Sustentabilidade está presente na visão, missão, valores e na estratégia da cooperativa?	

Econômico	Qual foi o faturamento em 2021?	CRUZ (2018); STRAND (2009); CORAL *et al.* (2003); ARAÚJO *et al.* (2006); SOUZA *et al.* (2011); MARQUES, MELLO E MARTINES (2006); FAJARDO (2006); RIBEIRO (1999); BENETTI (2001).
	Qual foi o valor em reais (R$) em 2021, dos impostos e outros pagamentos aos governos (federal, estadual e municipal)?	
	Se houve investimentos na(s) comunidade(s) onde atua, qual foi o valor em reais (R$) em 2021?	
	Qual o percentual (%) de participação na comercialização dos produtos da cooperativa produzidos no mercado regional?	
	Os preços dos insumos cobrados dos produtores associados são menores que os preços cobrados dos produtores não associados?	
	Os preços pagos pela cooperativa aos produtos produzidos pelos produtores associados são maiores que os preços pagos por outras cooperativas ou empresas mercantis?	
	Se houve investimentos em patentes (é um título que confere propriedade sobre uma invenção ao(s) autor(es) o direito pela criação), qual foi o valor (R$) gasto em 2021?	

Princípios do cooperativismo	Qual é o número atual de sócios?	ICA (2022b); ICA (2013b); ICA (2016).
	Qual era o número total de sócios em 2018?	
	Qual é o número atual de colaboradores?	
	Qual era o número total de colaboradores em 2018?	
	Qual é o percentual de membros cooperados/associados que geralmente participam das assembleias?	
	Qual era o valor (R$) das cotas-parte da cooperativa em 31/12/2021?	
	Do patrimônio líquido da cooperativa, qual é a porcentagem de reservas?	
	Na cooperativa há programa de fidelidade dos associados?	
	Quanto representou (%) os empréstimos oriundos de instituições financeiras sobre o faturamento total bruto anual, em 2021?	
	Qual o valor (R$) investido em educação, treinamentos e cursos em 2021?	
	Qual a quantidade de cursos e treinamentos foi realizada para os colaboradores em 2021?	
	Qual a quantidade de cursos e treinamentos foi realizada para os sócios em 2021?	
	Qual a quantidade de cursos e treinamentos foi realizada para os dirigentes em 2021?	

Princípios do cooperativismo	Existe planejamento formal para a realização de cursos e treinamentos periódicos e continuados para:	
	Sócios/cooperados	
	Colaboradores	
	Dirigentes contratados (diretores, superintendentes e conselheiros)	
	A cooperativa proporciona educação formal (desenvolvida por escolas e universidades) ou possibilita acesso à educação para todos os colaboradores?	
	Qual foi o valor anual (R$) investido pela cooperativa em educação em 2021?	
	Existe algum tipo de ação conjunta com outra(s) cooperativa(s)? Por exemplo: compra ou venda conjunta, etc.	
	Se existe, qual o percentual (%) do faturamento bruto total da cooperativa em 2021, vinda de negócios com outras cooperativas?	
	Qual o valor (R$) investido em doações para instituições beneficentes em 2021?	
	Qual foi o número de organizações comunitárias apoiadas e ajudadas pela cooperativa em 2021?	

ODS (Objetivos do Desenvolvimento Sustentável)	A cooperativa possui programa de desenvolvimento comunitário formalizado, para a(s) comunidade(s) onde está inserida?	CLIMATE BONDS INITIATIVE (2020); SACHS *et al.*, 2022); SESCOOP/SP (2021).
	A cooperativa tem projetos para alimentar os menos favorecidos na(s) comunidade(s) onde atua?	
	A cooperativa tem projetos de saúde, segurança, bem-estar e qualidade de vida voltados para a(s) comunidade(s) onde está inserida?	
	A cooperativa oferta e/ou incentiva a educação formal ou informal na(s) comunidade(s) onde está inserida?	
	A cooperativa tem campanhas e ações de igualdade de gênero na(s) comunidade(s) onde está inserida?	
	A cooperativa oferece acesso e financiamento de água limpa e saneamento na(s) comunidade(s) onde está inserida?	
	A cooperativa oferece ou facilita o acesso ao financiamento de energia limpa (solar, eólica, etc.) e saneamento na(s) comunidade(s) onde está inserida?	
	A cooperativa dispõe de trabalho digno e contribui para o crescimento econômico da(s) comunidade(s) onde está inserida?	
	A cooperativa possui produtos e serviços inovadores e com boa infraestrutura para uso da(s) comunidade(s) onde está inserida?	

ODS (Objetivos do Desenvolvimento Sustentável)		
	A cooperativa possui programas com foco em diminuir as desigualdades sociais, de gênero, de raça, etc?	
	A cooperativa contribui com ações e programas sustentáveis para a(s) região (ões) onde atua, a fim de que qualquer pessoa possa ter acesso?	
	A cooperativa tem consumo e produção responsáveis, sem excedentes e controlando os excessos?	
	A cooperativa tem indicadores para mensurar os gases de efeito estufa que emite ao meio ambiente?	
	A cooperativa realiza o tratamento da água que utiliza?	
	A cooperativa faz tratamento dos resíduos?	
	A cooperativa incentiva atitudes de paz, justiça e auxilia as instituições locais?	
	A cooperativa possui uma rede de parceiros locais para desenvolver ações voltadas para fatores ambientais, sociais e de governança na(s) região(ões) onde atua?	

DADOS DE IDENTIFICAÇÃO		
	Nome da cooperativa:	
	Função/cargo na cooperativa:	
	E-mail:	
	Nível de escolaridade:	
	Idade:	
	Ano de fundação da cooperativa:	
	Qual(is) o(s) principal(is) produto(s) da cooperativa?	

APÊNDICE 2: QUESTIONÁRIO

Convidamos e agradecemos desde já sua participação no questionário que tem como tema principal a ESG (Environmental = ambiental, Social = social e Governance = governança) no Agronegócio e está dividido nas seguintes partes:

- Ambiental (Environmental)
- Social (Social)
- Governança (Governance)
- Econômico
- ODS (Objetivos do Desenvolvimento Sustentável)
- Princípios do cooperativismo
- Dados de identificação

Este questionário integra a tese de doutorado sobre ESG como caminho para alcançar a sustentabilidade e perpetuidade das cooperativas do agronegócio, elaborada pela aluna Andrea Urack Krug, orientada pelo Dr. Antônio Domingos Padula e Dr. Paulo Dabdab Waquil no Doutorado em Agronegócios no Centro de Estudos e Pesquisas em Agronegócios - CEPAN na UFRGS.

AMBIENTAL:

1. A cooperativa divulga publicamente seus indicadores de desempenhos ambientais?

○ Sim ○ Não

2. A cooperativa divulga relatórios de sustentabilidade?

○ Sim ○ Não

3. A cooperativa desenvolve ações de preservação do ar, água e solo?

○ Sim ○ Parcialmente ○ Não

4. Há projetos de inovação ambiental?

○ Sim ○ Não

5. A cooperativa evita danos ambientais?

6. Quantos projetos ambientais houve em 2021?

7. Há aproveitamento por parte da cooperativa dos resíduos provenientes de animais e vegetais e ela os transforma em biofertilizantes, biogás e outros, através de biodigestores?

○ Sim ○ Não

8. Há reciclagem de embalagens plásticas usadas? Por exemplo: copos, pratos, talheres, etc.

○ Sim ○ Não

9. A cooperativa tem algum plano para reduzir e/ou evitar desperdícios? Por exemplo: energia, água, etc?

○ Sim ○ Não

10. As embalagens utilizadas nos produtos que a cooperativa produz são sustentáveis? Isto é, são pensados na parte ambiental, social e de governança?

○ Sim ○ Não

11. A cooperativa desenvolve produtos sustentáveis?

○ Sim ○ Não

12. Existem projetos ou cursos sobre educação ambiental na cooperativa?

○ Sim ○ Não

13. A cooperativa negocia créditos de carbono?

○ Sim ○ Não

14. A cooperativa incentiva os associados a comercializarem os créditos de carbono que eles produzem?

○ Sim ○ Não

15. A cooperativa faz reciclagem ou separação e descarte corretamente dos lixos seco, orgânico e agrotóxico?

○ Sim ○ Não

16. A cooperativa monitora e documenta seus possíveis impactos e riscos ambientais?

○ Sim ○ Não

17. A cooperativa tem projeto ou programa visando a redução do desmatamento e o aumento do florestamento e do reflorestamento?

O Sim O Não

18. Energia renovável é aquela que vem de recursos que são naturalmente reabastecidos, como sol, vento, chuva, mares e energia geotérmica. A cooperativa usa energia de recursos renováveis?

O Sim O Em desenvolvimento O Não

19. Existe(m) projeto(s) para o uso de novas fontes de energia renovável?

O Sim O Em desenvolvimento O Não

20. A cooperativa viabiliza acesso do crédito aos produtores para implantar energia renovável (solar, eólica e outras...)?

O Sim O Em desenvolvimento O Não

21. A cooperativa se abastece com água de rios, açudes, lagos, poços artesianos ou barragens?

O Sim O Não

22. Se a cooperativa se abastece com a água de rios, açudes, lagos, poços artesianos ou barragens, qual é o percentual sobre o total do consumo de água anual?

23. A cooperativa tem reservatório para coletar água da chuva?

O Sim O Em desenvolvimento O Não

24. A cooperativa tem programas para a redução do consumo de água?

O Sim O Em desenvolvimento O Não

25. Há reutilização de água na cooperativa?

O Sim O Em desenvolvimento O Não

26. Biodiversidade é o conjunto de todas as espécies de seres vivos existentes na biosfera (ecossistemas existentes na terra). Há incentivo e programas de preservação e/ou recuperação das nascentes e da biodiversidade?

O Sim O Em desenvolvimento O Não

27. Existe alguma iniciativa da cooperativa e/ou programa de controle e mensuração de geração de resíduos?

○ Sim ○ Não

28. O Brasil se comprometeu no Acordo de Paris a reduzir suas emissões de gases de efeito estufa (GEE) em até 37% (comparados aos níveis emitidos em 2005) até 2025, estendendo essa meta para 43% até 2030. A cooperativa tem ações para redução, medição e monitoramento dos gases de efeito estufa?

○ Sim ○ Não

29. Combustíveis fósseis são combustíveis não renováveis e que foram formados há milhares de anos a partir de restos de animais e vegetais, como por exemplo petróleo e carvão vegetal. A cooperativa utiliza outros combustíveis, que não os fósseis?

○ Sim ○ Em desenvolvimento ○ Não

30. Existem iniciativas ou programas de redução no uso de combustíveis fósseis?

○ Sim ○ Em desenvolvimento ○ Não

31. A cooperativa tem políticas ambientais formalmente descritas?

○ Sim ○ Em desenvolvimento ○ Não

32. A cooperativa busca seguir as leis, normas e regulamentos ambientais federais, estaduais e municipais?

○ Sim ○ Em desenvolvimento ○ Não

33. A cooperativa cumpriu a legislação ambiental nos últimos três anos, sem multas ou notificações?

○ Sim ○ Não

34. A cooperativa investe em projetos de conservação, conscientização e educação ambiental na(s) comunidade(s) onde está inserida?

○ Sim ○ Parcialmente ○ Não

35. A cooperativa tem ações individuais ou conjuntas com outras cooperativas/organizações/empresas/entidades para promover a sustentabilidade?

○ Sim ○ Não

36. A cooperativa recebeu nos últimos três anos algum prêmio de sustentabilidade e/ou ESG?
○ Sim ○ Não

37. Existe gestão da qualidade e do meio ambiente voltados para a certificação e licenças ambientais?
○ Sim ○ Não

SOCIAL:

38. A cooperativa divulga publicamente seus indicadores de desempenho social?
○ Sim ○ Não

39. A cooperativa viabiliza acesso e/ou financiamento para projetos sustentáveis para os associados?
○ Sim ○ Não

40. A cooperativa incentiva e investe em projetos sociais, esportivos na(s) comunidade(s) em que está inserida?
○ Sim ○ Não

41. Quantos projetos sociais houve em 2021?

42. A cooperativa realiza estudos e mapeamento de ações de impacto direto e indireto na(s) comunidade(s) onde está inserida?
○ Sim ○ Em desenvolvimento ○ Não

43. Há boas condições de trabalho na cooperativa: com ambiente iluminado, ventilado, limpo, com utilização de EPI (Equipamento de Proteção Individual), respeitando as normas de segurança do trabalho?
○ Sim ○ Parcialmente ○ Não

44. É respeitada a idade mínima do trabalho, que segundo a legislação é de 16 ou 14 anos, em caso de menor aprendiz?
○ Sim ○ Não

45. A cooperativa preza por diversidade nas equipes (gênero/raça/deficiência/orientação sexual/faixa etária)?
○ Sim ○ Não

46. A cooperativa realiza pesquisa periódica de clima organizacional e monitoramento para o aperfeiçoamento das relações de trabalho?

○ Sim ○ Não

47. A cooperativa possui canal de relacionamento anônimo (SAC) para críticas, sugestões e perguntas de seus associados, colaboradores e clientes?

○ Sim ○ Não

48. Qual o percentual de sócios homens?

49. Qual o percentual de sócias mulheres?

50. Qual o percentual de colaboradores homens?

51. Qual o percentual de colaboradoras mulheres?

52. Qual o percentual de dirigentes homens?

53. Qual o percentual de dirigentes mulheres?

54. Os colaboradores recebem benefícios além das exigências legais? Se sim, marque os benefícios que a cooperativa oferta.

○ Não recebe ○ Vale alimentação ○ Assistência médica
○ Academia ○ Sala de jogos ○ Assistência odontológica
○ Auxílio creche ○ Auxílio educação

55. Os acidentes de trabalho são contabilizados?

○ Sim ○ Não

56. Do total dos colaboradores, qual o percentual (%) deles tem curso superior?

57. Como está a remuneração dos colaboradores em relação ao mercado de trabalho?

○ Acima do mercado ○ De acordo ○ Abaixo do mercado

58. Quanto às sobras, qual o percentual (%) destinado ao desenvolvimento de novos projetos na cooperativa em 2021?

59. A cooperativa utiliza e tem acesso às tecnologias de ponta?

○ Sim ○ Parcialmente ○ Não

60. A cooperativa proporciona assistência técnica aos cooperados?

○ Sim ○ Não

61. Como está a marca da cooperativa no mercado onde comercializa seus produtos?

○ Conhecida e reconhecida ○ Parcialmente ○ Não é conhecida e reconhecida

62. Qual o tempo médio em que o(s) diretor(es) executivo(s) ou superintendente(s)/ CEO(s)/ gerente(s) geral(is) estão no cargo?

○ Até 5 anos ○ De 6 a 10 anos ○ De 11 a 15 anos ○ Acima de 15 anos

GOVERNANÇA:

63. Autogestão: é o processo pelo qual os cooperados são responsáveis pela direção e prestação de contas da cooperativa. Os agentes de governança (cooperados, assembleia geral, conselho de administração, conselho fiscal, conselho consultivo, comitês técnicos, auditoria independente, gestão executiva) respondem pelas consequências de seus atos e omissões?

○ Sim ○ Parcialmente ○ Não

64. Senso de Justiça: é o tratamento dado a todos os cooperados com igualdade e equidade em suas relações com a cooperativa e nas relações da cooperativa com as demais partes interessadas. Todos os sócios e demais partes interessadas (stakeholders), têm tratamento igual, levando em consideração seus direitos, deveres, necessidades, interesses e expectativas?

○ Sim ○ Parcialmente ○ Não

65. Transparência: visa facilitar voluntariamente o acesso dos interessados às informações, além das exigidas por dispositivos legais, criando um ambiente de relacionamento confiável e seguro. A cooperativa disponibiliza para as partes interessadas as informações que sejam de seu interesse e não apenas aquelas impostas por disposições de leis ou regulamentos?

○ Sim ○ Parcialmente ○ Não

66. Educação: investir no desenvolvimento do quadro social visando formar lideranças que tragam em seus conhecimentos de gestão e administração a essência da identidade cooperativa. A cooperativa investe no desenvolvimento do quadro social?

○ Sim ○ Parcialmente ○ Não

67. Sustentabilidade: significa buscar a gestão ética nas relações internas e externas para geração e manutenção de valor a todas as partes interessadas, visando à perenidade da cooperativa. A cooperativa visa e possui uma gestão ética na relação com todos os stakeholders (partes interessadas)?

○ Sim ○ Parcialmente ○ Não

68. Prestação de contas: a cooperativa divulga publicamente seus indicadores de desempenho da governança?

○ Sim ○ Parcialmente ○ Não

69. Responsabilidade corporativa: os agentes de governança devem estar atentos, em seu plano de negócio, aos aspectos econômicos, intelectuais, sociais, ambientais e de governança. Os agentes de governança estão atentos a todos esses aspectos a curto, médio e longo prazo?

○ Sim ○ Parcialmente ○ Não

70. A presidente do conselho de administração da cooperativa/CEO é do sexo feminino?

71. Quantas (nº) diretoras eleitas há na cooperativa?

72. Quantos (nº) diretores eleitos há na cooperativa?

73. O presidente do conselho de administração e o presidente executivo da cooperativa são diferentes pessoas?

○ Sim ○ Não

74. Há um plano de remuneração para o Conselho de Administração?

○ Sim ○ Não

75. Há auditoria interna?

76. Há auditoria externa?

77. Há comitê de governança?

78. Há outros comitês?

79. Você considera que os conflitos de interesse entre as partes interessadas da cooperativa, são bem administrados?

○ Sim ○ Parcialmente ○ Não

80. Os responsáveis pela gestão executiva são contratados (diretor(es) executivo(s), superintendente(s), CEO(s), gerente(s) geral(is))?

○ Sim ○ Não

81. Qual é o número total de conselheiros de administração, incluindo efetivos e suplentes?

82. Qual é o número total de mulheres que fazem parte do conselho de administração, incluindo efetivos e suplentes?

83. Qual é o número total de homens que fazem parte do conselho de administração, incluindo efetivos e suplentes?

84. Os conselheiros e diretores conhecem bem o negócio da cooperativa e todos têm vivência prática no agronegócio cooperativo e em gestão e governança?

○ Sim ○ Parcialmente ○ Não

85. Há alguma exigência de qualificação prévia para ser candidato a conselheiro de administração ou fiscal?

○ Sim ○ Não

86. A remuneração dos conselheiros de administração é fixa mais variável, atrelado a resultados?

○ Sim ○ Não

87. Os conselheiros de administração participam da educação continuada, como programas de atualização, congressos, feiras setoriais e outros eventos que possam potencializar sua capacidade de contribuição para a cooperativa?

○ Sim ○ Não

88. Os conselheiros de administração avaliam os perfis dos principais cargos de liderança para o plano de sucessão?

○ Sim ○ Não

89. Existem mecanismos internos de *compliance* (cumprir e fazer cumprir as normas legais e regulamentares, as políticas e as diretrizes estabelecidas) instituídos?

○ Sim ○ Não

90. A cooperativa tem boa relação com órgãos dos governos federal, estadual e municipal?

○ Sim ○ Parcialmente ○ Não

91. Valores sustentáveis estão presentes na visão, missão, valores e na estratégia da cooperativa?

○ Sim ○ Parcialmente ○ Não

Econômico:

92. Qual foi o faturamento em 2021?

○ Menor ou igual a R$ 500 mil
○ Maior que R$ 500 mil até 1 milhão
○ Maior que R$ 1 milhão e menor ou igual a R$ 5 milhões
○ Maior que R$ 5 milhões e menor ou igual a R$ 10 milhões
○ Acima de 10 milhões

93. Qual foi o valor em reais(R$) em 2021, dos impostos e outros pagamentos aos governos (federal, estadual e municipal)?

94. Se houve investimentos na(s) comunidade(s) onde atua, qual foi o valor em reais (R$) em 2021?

95. Qual o percentual (%) de participação na comercialização dos produtos da cooperativa produzidos no mercado regional?

96. Os preços dos insumos cobrados dos produtores associados são menores que os preços cobrados dos produtores não associados?

○ Sim ○ Parcialmente ○ Não

97. Os preços pagos pela cooperativa aos produtos produzidos pelos produtores associados são maiores que os preços pagos por outras cooperativas ou empresas mercantis?

○ Sim ○ Parcialmente ○ Não

98. Se houve investimentos em patentes (é um título que confere propriedade sobre uma invenção ao(s) autor(es) pelo direito da criação), qual foi o valor (R$) investido em 2021?

Princípios do cooperativismo:

99. Qual é o número atual de sócios? Qual era o número total de sócios em 2018?

100. Qual é o número atual de colaboradores?

101. Qual era o número total de colaboradores em 2018?

102. Qual é o percentual de membros cooperados/associados que geralmente participam das assembleias?

103. Qual era o valor (R$) das cotas-partes da cooperativa em 31/12/2021?

104. Do patrimônio líquido da cooperativa, qual é a porcentagem de reservas?

105. Na cooperativa há programa de fidelidade dos associados?

○ Sim ○ Não

106. Quanto representou (%) os empréstimos oriundos de instituições financeiras sobre o faturamento total bruto anual, em 2021?

○ Até 25%
○ Acima de 25% até 50%
○ Acima de 50% até 75%
○ Acima de 75%
○ Não houve empréstimos

107. Qual o valor (R$) investido em educação, treinamentos e cursos em 2021?

108. Qual a quantidade de cursos e treinamentos realizada para os colaboradores em 2021?

109. Qual a quantidade de cursos e treinamentos realizada para os sócios em 2021?

110. Qual a quantidade de cursos e treinamentos realizada para os dirigentes em 2021?

111. Existe planejamento formal para a realização de cursos e treinamentos periódicos e continuados para:

Sócios/cooperados:

○ Semestral ○ Anual ○ Não existe

112. Existe planejamento formal para a realização de cursos e treinamentos periódicos e continuados para:

Colaboradores:

○ Semestral ○ Anual ○ Não existe

113. Existe planejamento formal para a realização de cursos e treinamentos periódicos e continuados para:

Dirigentes contratados (diretores, superintendentes e conselheiros):

○ Semestral ○ Anual ○ Não existe

114. A cooperativa proporciona educação formal (desenvolvida por escolas e universidades) ou possibilita acesso à educação para todos os colaboradores?

115. Qual foi o valor anual (R$) investido pela cooperativa em educação em 2021?

116. Existe algum tipo de ação conjunta com outra(s) cooperativa(s)? Por exemplo: compra ou venda conjunta, etc.

117. Se existe, qual o percentual (%) do faturamento bruto total da cooperativa em 2021, vinda de negócios com outras cooperativas?

118. Qual o valor(R$) investido em doações para instituições beneficentes em 2021?

119. Qual foi o número de organizações comunitárias apoiadas e ajudadas pela cooperativa em 2021?

ODS:

120. A cooperativa possui programa de desenvolvimento comunitário formalizado, para a(s) comunidade(s) onde está inserida?

121. A cooperativa tem projetos para alimentar os menos favorecidos na(s) comunidade(s) onde atua?

122. A cooperativa tem projetos de saúde, segurança, bem-estar e qualidade de vida voltados para a(s) comunidade(s) onde está inserida?

123. A cooperativa oferta e/ou incentiva a educação formal ou informal na(s) comunidade(s) onde está inserida?

124. A cooperativa tem campanhas e ações de igualdade de gênero na(s) comunidade(s) onde está inserida?

125. A cooperativa oferece acesso e financiamento de água limpa e saneamento na(s) comunidade(s) onde está inserida?

126. A cooperativa oferece ou facilita o acesso ao financiamento de energia limpa (solar, eólica, etc) e saneamento na(s) comunidade(s) onde está inserida?

127. A cooperativa dispõe de trabalho digno e contribui para o crescimento econômico da(s) comunidade(s) onde está inserida?

128. A cooperativa possui produtos e serviços inovadores e com boa infraestrutura para uso da(s) comunidade(s) onde está inserida?

129. A cooperativa possui programas com foco em diminuir as desigualdades sociais, de gênero, de raça, etc?

130. A cooperativa contribui com ações e programas sustentáveis para a(s) região(ões) onde atua, a fim de que qualquer pessoa possa ter acesso?

131. A cooperativa tem consumo e produção responsáveis, sem excedentes e controlando os excessos?

132. A cooperativa tem indicadores para mensurar os gases de efeito estufa que emite ao meio ambiente?

133. A cooperativa realiza o tratamento da água que utiliza?

134. A cooperativa trata os resíduos?

135. A cooperativa incentiva atitudes de paz, justiça e auxilia as instituições locais?

136. A cooperativa possui uma rede de parceiros locais para desenvolver ações voltadas para fatores ambientais, sociais e de governança na(s) região(ões) onde atua?

Dados de identificação:

137. Nome da cooperativa:

138. Função/cargo na cooperativa:

139. E-mail:

140. Nível de escolaridade:

141. Idade:

142. Ano de fundação da cooperativa:

143. Qual(is) o(s) principal(is) produto(s) da cooperativa?

Este livro foi confeccionado especialmente para a
Editora Meridional Ltda,
em Liberation Serif, 11,5 e
impresso na Gráfica Noschang.